快消品销售主管城市开发实战指南

许 翔/著

中华工商联合出版社

图书在版编目（CIP）数据

快消品销售主管城市开发实战指南 / 许翔著. -- 北京：中华工商联合出版社，2024.4

ISBN 978-7-5158-3920-2

Ⅰ. ①快⋯　Ⅱ. ①许⋯　Ⅲ. ①消费品市场－市场营销学－指南　Ⅳ. ①F713.58-62

中国国家版本馆CIP数据核字（2024）第064479号

快消品销售主管城市开发实战指南

作　　者：	许　翔
出 品 人：	刘　刚
责任编辑：	于建廷　王　欢
封面设计：	周　源
责任审读：	傅德华
责任印制：	陈德松
出版发行：	中华工商联合出版社有限责任公司
印　　刷：	三河市宏盛印务有限公司
版　　次：	2024年5月第1版
印　　次：	2024年5月第1次印刷
开　　本：	710mm×1000 mm　1/16
字　　数：	240千字
印　　张：	13.75
书　　号：	ISBN 978-7-5158-3920-2
定　　价：	78.00元

服务热线： 010-58301130-0（前台）

销售热线： 010-58301132（发行部）

010-58302977（网络部）

010-58302837（馆配部）

010-58302813（团购部）

地址邮编： 北京市西城区西环广场A座

19-20层，100044

http://www.chgslcbs.cn

投稿热线： 010-58302907（总编室）

投稿邮箱： 1621239583@qq.com

工商联版图书

版权所有　盗版必究

凡本社图书出现印装质量问题，请与印务部联系。

联系电话： 010-58302915

推荐序

（1）为什么很多营销人并不喜欢看营销书籍

绝非营销人不好学，少年顽劣是因为没有经历生活的毒打。一旦成年，涉足营销行业，如同穿上红舞鞋，欲罢不能。压力和挑战如附骨之疽，日日不得安宁，睡觉都想着市场，做梦都扛着销量。

营销人，对工作中碰到的具体营销问题的求知欲，如同求生欲一样强烈。

遗憾，翻开市面上的营销书籍，七拐八绕地讲知名案例、经典理论，就是不告诉营销人员面对诸如"电商砸价""经销商不主推、不执行厂家策略"……这些具体问题的具体解决动作、执行工具、工作模板。

这些专家们不屑细讲、不会讲的具体问题，才是营销人员的柴米油盐和人间烟火。

很多营销人不爱看营销书籍，其实是因为失望了太多次，心冷了。

（2）营销理论的产生和衰亡周期

营销理论不重要吗？

NO！

读书，不可急功近利，经典营销著作讲的是理论，但是前沿理论造成全行业营销行为变革和迭代，这是常态。

所谓前沿营销理论，都经历四个阶段：

一是不被人们认知，觉得是痴人说梦，众人侧目。

二是有人探索先行，经历九死一生，凤凰涅槃，取得成功，众人仰慕。

三是大家蜂拥而上，争相模仿，奉为行业圭臬，包治百病，春风如沐。

四是过度同质化竞争之下，新的营销前沿理论取而代之，那个曾经风光一时的老版理论，要么脱胎换骨自我迭代，要么黯然谢幕。

起于青萍之末，止于草莽之间。

远的不说，想想这二十年，"深度分销"这个营销新理论就是这么走过来的。

（3）到底是营销理论指导实践，还是营销实践指导理论

先有鸡，还是先有蛋？

循环论证，此题无解。

网上妙文，将此置换为另一个问题，先有爸爸，还是先有儿子？

结论：在儿子出现之前，爸爸其实不是爸爸。

听起来，有点父与子、鸡和蛋互为因果。

此论，逻辑上并非无懈可击，但截至目前是最优选。

营销理论和营销实践的关系，同理。

世界上绝大多数理论的创新的发明，都不是理论家或科学家臆想推测出来的，都经历三个阶段：

先有理论设想；

然后是千百次的实验室实验失败；

最终通过某次实验，找到成功方法，大样本点进一步实验成功，取得论证成果。

有了这个坚实的实验室数据佐证，新的理论才由此诞生，成为"新"发明，"新"理论。

不信？

你看看爱因斯坦、伽利略……

再不行，问问屠呦呦老师也可以。

营销理论的创新、发端，一定不是理论家臆想的。

而是他们观察到个别企业、个别市场、个别营销实践，正在走出与众不同的方法路径，获得成功。

然后"观察总结提炼，试点推广复制"，诱发了营销理论的产生。

最后，通过大样本点的测试，"发现"了新的营销理论焦点，对外传播，指导了大范围的营销变革。

营销理论和实践，也是互为因果。

难能可贵的是，"观察总结提炼，试点推广复制"12个字。

（4）实践总结，升华到理论

营销人，还是要读书的。我的读书观点：

经典营销理论书籍，读读看，也许不能解决眼下问题，但是潜移默化、积少成多，能提高营销素养、拓宽思维方式。

能解决眼下实际营销问题的实战书籍可遇不可求，一旦发现一个好的作者，就把他的所有书和文章都搜刮来看，毕竟这样能立竿见影，给你方法的书不多见。

2021年5月，许翔先生的专著《快消品区域/城市经理全渠道管理》问世，邀我作序。

没想到，仅仅相隔两年，许翔的新著《快消品销售主管城市开发实战指南》又完稿，我再次作序。

许先生是在任的跨国企业高管，繁忙工作压力之下，尚有这份出稿速度和自律，难得。

阅读大作，以故事叙事的风格，"观察总结提炼"，销售主管城市开发的全过程。

穿插各种执行工具、工作模型。有理论框架，更有具体的执行细节。把鸡毛蒜皮的工作实践，总结成理论系统。

方便读者，试点推广复制。

同时，国际企业的营销理论框架，指导工作实际问题，使之成为系统，而非碎片化。

此书兼顾。

推荐营销同仁们学习。

魏庆，写于 2023 年 11 月 11 日

目　录

第一章

启动篇（小王上岗初体验）

第一节 最平凡的基层销售人，
最不平凡的生意胜负手

2002年年中，承蒙公司领导的信任，离开了耕耘整整七年的华南大区，接手集团公司的电商业务。为了交接工作，6月月底我在广州海珠区的一家快捷酒店不到20平方米的房间里集中隔离了整整七天。

空间封闭但思想不封闭，那七天处理完邮件和工作的空余时间很充裕，于是就有了写这本书的想法，每天傍晚站在广州海珠区希尔顿欢朋沾满雨珠的落地飘窗边，望着楼下来来往往的车辆和行人，框架也逐步清晰，于是我决定用半年的时间写这本书，献给各地广大的一线快消同行。

作为新书，这本书是上一本《快消品区域/城市经理全渠道管理》的姊妹版，从全渠道管理到城市开发实操，新书的读者对象定位于人群更广、需求更大的几百万基层销售主管和销售代表，他们长年工作在快消品行业的第一线，面对全渠道和新零售的冲击和革新，他们的学习需求相比中高层管理者更加迫切、更加实际、更加刚需！

从策略到实操转变的目的是让基层销售组织从上到下都能够建立全渠道业务能力体系，从而帮助快消品行业的广大厂商和经销商适应不断迭代变化的全渠道生意需求，构建最强劲、最有即战力、敏捷靠谱的一线高质量基层销售组织。

笔者始终坚信不管全渠道如何裂变和迭代，新零售如何颠覆和升级，每家快消品品牌商永远需要一个富有高度责任感和强大执行力的一线团队，一句话概括就是：**"最平凡的基层销售人，本质上就是最不平凡的生意胜负手！"**

这本新书将改变上一本每个渠道——铺陈详述的结构，将把全渠道管理的技能融入城市市场（或区域市场）的开发体系中，从中不仅可以吸收到渠道侧的知识和趋势，更重要的是可以学到系统性的城市市场开发方法和详细步骤。所以，这本书是"一鱼两吃"——《快消品销售主管城市开发实战指南》既是全渠道管理的实操书，也是一本新鲜的区域及城市市场的开发策略地图。

快消品公司不管生意规模大小，基层的销售团队基本都是一个特点——上面千条线，底下一根针！

不管有多么强大的品牌矩阵、多么厉害的产品组合、多么系统的总部支持，到了前线都会汇集到一个执行团队身上，它就是城市销售基层团队。

每一天，平凡的他们代表着各自的公司和品牌在全国32个省、330多个地级市和2850个县城市场上和对应的竞争对手兵戎相见，在没有硝烟的快消品战场上，他们的战斗力和士气决定着整个公司的运营结果。这本新书就是写给他们的实操工具书，里面不光有打仗用的兵器使用说明书，更有实战用到的兵法运用方法论！简而言之，**一名快消品行业的基层市场销售人，如果在未来的一年里只读一本专业相关书，读这本就是了**！

当然经理及以上级别的管理者们也可以偶尔抽时间翻一翻、看一看，毕竟在这个不甚景气的存量生意年代里，远离日常流程节点和资源卡点的老板们很容易越做越心虚，随着年龄的增长，这样的中层"管理者"将越来越贬值。不要对管理学依赖过度，天天总想着授权团队和下属去做，然后得过且过"摸鱼"。**在这个不断变化的时代里，只有沉下心来好好学习和更新全渠道的核心知识和技能，才是当下做好并坐稳管理岗的真正垫仓石和长期护城河。**

新零售全渠道的市场背景下，不管你是总监、经理还是主管、业代，只要领兵打仗，必须让自己成为最能打的主将！千万不要总是朝着45度上角方向大手一挥喊着"兄弟们，给我冲"，也不要喊"兄弟们，我们一起冲"，而是要铿锵有力地呼喊"兄弟们，跟我冲"。这才是我写这两本书的核心目的，即启发各级基层销售团队的管理者自己先学会，然后带领团队、客户和经销商一起学会，所以最好两本书一起看、合并看、反复看、系统看、各种花式交叉看。

同时，感谢大家的厚爱和支持，我的第一本书反响不错，有幸成为今年快消品行业书籍中的销量前几名，朋友和同行们经常提到书中每个情景章节的老王角色很带感，说那就是他们的缩影和化身……

是啊！在我过去的二十多年里，走过全国150多个城市和数百个乡镇，拜访的各渠道网点店近万次，和至少百位一线城市经理主管朝夕相处，并与数百家经销商、二分商、批发商斗智斗勇斗狠……

我、老王和每一位基层快消人一样，我们都是一群没有特别背景，却每晚拖着背影回家的营销农民，日出而作日落而不息，明明已经累瘫，却还要应对企微和钉钉的疯狂内卷，一边左手打着字将就着发出使命必达加油干，一边右手匀速保持安抚孩子缓缓入睡的手势。

早已经没有了高三的活力身体却有三高的一身毛病，为了让工作和生活变得更好，老王其实已经累到爆肝，我写书的初衷也是让身边的老王们活得容易一点，通过更高效的工作来匀出更多的时间陪陪家人和小孩，家庭的陪伴才是短暂人生的真正美好。

老王着实好难，但是小王也不容易！

小王就是这本新书的主人公，作为一种连接和传承，情景角色将从老王过渡到小王。

小王，刚刚从非211/985应届毕业的快消新兵，未来的6个月里他将在城市经理老王（上本书的主人公）的悉心教导和帮助下，从接手一个积重难返的老大难市场开始，**通过24周的流程化、分模块、多步骤的努力工作逐步解决问题、打开局面，并最终赢得市场竞争的全渠道模拟实操，给目标读者身临其境的学习认知和体验，从角色切入，在场景中学习，系统性构建全渠道实操能力体系。**

不断发展和变化的快消品行业，总有人正年轻！一代又一代的年轻快消人让这个行业永远生机勃勃而又充满无限可能，而他们的身后总有无数个老王们正在默默地教导着、勉励着、支撑着和付出着。

老成持重的老王带着血气方刚的小王即将开启长达24周的"全渠道快消人"的养成之路。

笨鸟先飞没有用，小王必须一直飞！只要肯努力，半年就能成才、成骨干！一起参与进来吧！

第二节　快消新兵小王入职的第一天

小王的故事，要从2022年7月讲起。

在此前的两年暑假里，一直对营销有所偏好的小王几乎把所有的时间都用在了销售实习上。他在过往两家大型外资五百强快消品公司积累的实习经验足以帮他在关键的毕业求职面试中脱颖而出，如愿以偿地拿到了头部快消品大公司本地办事处销售代表的offer！

于是，满怀激情和向往的小王一天都不想耽搁，前脚刚出校门后脚就入职场，今天是他入职的第一天。兴奋了一晚上的小王起了一个大早，不到七点就到了公司办公大楼附近。

江城大厦已经有年头了，昔日可是本市最高档的办公大楼，现在虽然硬件跟不上，但是地处市中心的优越地理位置依然保持着高人气。仰头望着高耸的大厦，小王的憧憬越来越接近现实……

每天上班早高峰时段，江城大厦的电梯总是人满为患，今天也不例外。小王好不容易挤进了高楼区的专用电梯，电梯里充满着香水味、汗味、鸡蛋饼的复合味道，楼层的数字一直在有规律地变着，小王心跳加速，神情越来越紧张了……

27楼终于到了，走出电梯门，小王小心翼翼地找到了公司前台，可能是到得比较早，前台接待处还没有人，于是小王只能站在前面等人，打量着前台旁边的产品展示柜，静静地看着熟悉的品牌和产品，小王的自豪感和满足感油然而生。

"你好！你是来入职的小王吧？"突然，一个浑厚的中年声音从身后传来。

"是呀，是呀，我就是小王，今天第一天报到！"

"欢迎加入公司，我是本市的办事处销售经理老王，从今天起我们会给你安排入职培训和实地教带，有任何问题可以直接问我！"一边说着，一边握着小王的手，很亲切、很有力。

"小王，今天是你的入职第一天，在安排入职培训之前，我想首先跟你聊聊这个行业和这个工作岗位，对你熟悉和适应工作会有帮助的。

"我不会给你夸夸其谈地讲我职场晋升的成功经验，我们这代中年快消人得亏父母生我们生得早，就业入行的那会儿竞争小，要是现在求职，和你们这代年轻人一样都会被卷成麻花，哈哈哈！"

老王的一两句自嘲立马让小王放松下来，这时投影仪已经准备就绪，跃入眼帘的是整屏的大标题——《认识快消品行业和24周城市开发实战指南》。

喝了口茶水，清了清嗓子，老王语重心长地说道："在讲解养成计划之前，你首先需要建立几个认知。"即认知行业、认知厂家、认知岗位、认知经销商、认知自己！有了这五个基本认知，接下来执行24周养成计划时才会更高效、更笃定。

认知行业：快消品是一个什么样的行业？

认知厂家：快消品品牌厂家一般面临着哪些痛点和障碍？

认知岗位：快消品销售是一个什么样的岗位？

认知经销商：未来将和你朝夕相处的经销商是谁？他们如何影响着我们的生意和工作？

认知自己：什么是快消品销售新人需要具备的素质和心态？

一、认知行业：快消品是一个什么样的行业

"小王，从今天开始你就正式成为一名快消品销售人，第一步你先要认知

这个行业！"

快消品，顾名思义，就是快速消费品，英文是由四个单词Fast-Moving-Consumer-Goods组成的FMCG。1988年，宝洁在广州与和记黄埔成立合资公司开始正式进入中国市场，那是这个行业的标志性起点，经过三十多年的发展，快消品行业已经成为不可或缺的民生行业，整体行业生意体量已接近6万亿元人民币（线下占比60%，同时线上贡献40%）。

用一句大白话来概括**快消品行业生意的基本逻辑就是卖进更多终端，并在每个卖进的终端里卖更多**！以下公式一目了然。

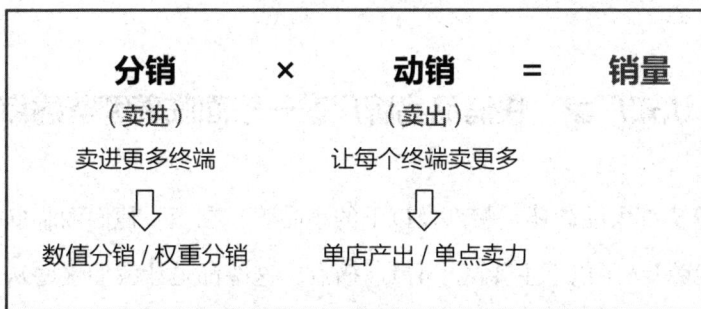

图1-1 基本逻辑

分销就是"卖进"，就是Sell-In。一般权威的AC尼尔森通过数值分销和加权权重分销指标来衡量，对我们一线销售说白了就是你要在你所覆盖和管辖的市场中尽可能卖进更多新的门店、新的终端。

动销就是"卖出"，就是Sell-Out。在尼尔森数字里用SPPD或者SIH来标尺评估，对于终端业务团队而言就是在已经覆盖的终端门店里卖更多的货！越多越好！越精准越好！越持久越好！

当然，对于卖出还可以通过两个子公式来进一步理解生意的底层逻辑：

老场景线下零售的卖出底层逻辑：客流 × 频次 × 客单价＝销售额

新场景线上零售的卖出底层逻辑：客流 × 转化率 × 客单价＝总交易额

换个时髦点的说法，以上的知识点就是我们快消品销售人的初心，不忘这个初心才能修成正果，打好这一份工，做好一片市场，打造可持续增长的业绩。

这个行业发展了这么多年，每个大类目（食品、日化、母婴、饮料、酒水等）的细分品类（比如日化中的洗发水、牙膏、洗衣液、柔顺剂、防晒霜等）都已经形成了头部、腰部和尾部的品牌分布，尽管近年来新消费、新国货和淘品牌在互联网资本加持下一度领尽风骚，使得竞争格局一直高度激烈，然而头部品牌的地位在实战中得到了确定性的验证，整个行业头部集约化态势越来越明显。

"这些都是你需要了解的行业基本信息，下面我还要顺带讲讲我们行业面临的痛点和困难。"

二、认知厂家：快消品品牌厂家一般面临着哪些痛点和障碍

"不管头部大品牌还是腰部及以下的小品牌，在当下他们面临的挑战却大致相同，我总结了以下主要的'4+1'痛点，这些都是让我们这些从业多年的老法师们天天脑瓜发痛的顽疾，希望有朝一日你们新一代年轻人能够带领公司攻克这些难题！"老王边说边拍了拍小王的肩膀。

痛点"4+1"包含四个共同痛点和一个个别的附加痛点，分别是**低线市场下沉难、白区市场突围难、推新卖高突破难、数字转型落地难、多个品牌运营难**。

第一大痛点障碍——低线市场下沉难！几乎绝大多数公司的长年顽疾，"农村包围城市"还是"城市下沉农村"永远是这个行业的无解命题，600多万的网点究竟用什么样的Route-To-Market（走向市场之路）策略永远是每家快消公司高层的重要课题。

第二大痛点障碍——白区市场突围难！"全国化发展"也是困扰很多品牌厂商的根源，辛苦多年在根据地市场赢得了显著优势份额，但是生意在向外省外区拓展时总是"水土不服"，"白区市场"（比喻处于明显劣势的非优势市场）总是看上去很性感，然而现实一直很骨感。

　　第三大痛点障碍——推新卖高突破难！ 推新品卖高端！把产品线向上做的策略无疑也是每个公司每年年度计划必提的策略方向之一！新品上市时轰轰烈烈，高端推动时重金重投，然而总是雷声大雨点小，年中年末一回顾满地鸡毛，然后等到下一年又开始了新一轮的重复动作……

　　第四大痛点障碍——数字转型落地难！ 这年头"数字化转型"话题最热门，如果哪个公司不提这个工作就好像高层没有与时俱进的上进心和紧迫感，但是做来做去，除了IT系统上了一大堆之外，真正落地到每日销售执行工作中的数字化工具有多少呢？扪心自问后，每个公司的中高层自有答案。

　　附加的痛点障碍——多个品牌运营难！ 这个痛点仅针对多品牌运营公司。时下，为了发掘新的增长引擎并获得新的利润来源，越来越多的行业公司开始尝试多品牌、多品类发展，然而品牌和产品开发推广不是最难的，难就难在运营难！很多公司做惯了多年的单品牌和单品类，内部团队和外部客户的运营认知和能力体系并不能快速适应多品牌多品类运作，如何高效整合协同是业内很多公司面临的又一大新痛点。

　　痛点和障碍其实不可怕，反而要把这些痛点障碍当成转机去运营去攻坚，五大障碍对应的五大机会分别就是：Go Deeper、Go Wider、Go Premium、Go Digital、Go Multi-Brand。

　　"小王，这个行业最容易的行为就是一遇到困难就找借口和推卸责任。你作为新人，要知道我们的工作职责是帮助公司解决问题，从而获得薪酬来养活自己，这个饭碗的核心是解决问题、创造价值！"

　　顺着话题，投影翻到下一张幻灯片，小王对这个话题显然更加专注。

三、认知岗位：快消品销售是一个什么样的岗位

　　快消品销售本质上就是一份工作，作为职场新人，你必须理解"工作"

这两个字！工作的本质是交易！我们在用自己的时间和才能，通过一家公司将自己的价值与市场交换金钱！

快消品销售工作就是通过达成公司下达的指标和创造可持续的业绩增长来实现个人价值的最大化。要让自己成功，首先要让业绩增长，这就是快消品销售人的岗位职责。

达成销量业绩增长其实有很多方式，有健康的、有不可持续的、有短期的、有中长期的，不同的城市经理和他带领的团队对于增长的认知和做法不同，我们需要警惕生的"伪增长"，做长期持久增长的生意。笔者：获取相关思考请参阅本书书后附件文章1《警惕业绩伪增长》

当然，快消品销售不仅仅只是你现在刚入职做的这些内容。广义而言，快消品销售有很多部门和岗位，我们所在的区域经销商销售团队只是一个分支而已，即使是我们这个分支在全国也有很多平行运作的大区、省区和城市销售团队。其实，一个正规完整的销售组织有很多岗位，大体如图1-2所示。

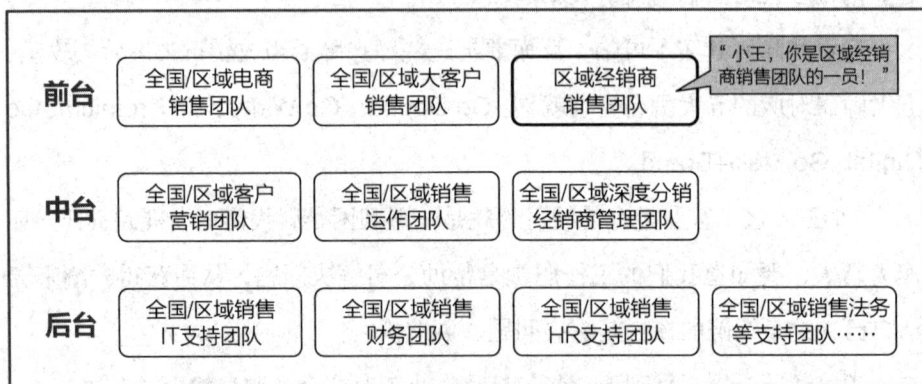

图1-2 销售岗位

"小王，从现在的第一岗好好学好好干！只要你足够上进和勤奋，未来就有机会尝试在更多不同的销售岗位上学习和发展，真正成为一名优秀的快消品销售人！"

望着老王期许的目光，小王内心悄悄地埋下了一粒种子，总有一天这粒种子会长成大树！

四、认知经销商：未来将和你朝夕相处的经销商是谁？他们如何影响着我们的生意和工作

"小王，做我们一线销售工作，除了和我们公司的同事沟通相处，很多时间都会和经销商打交道。经销商是生意的重要环节，他们负责着我们公司产品在本地市场的运营，我们其实是在引导和协助他们做好代理经销的生意，他们生意做得越好，我们的业绩也会更好，所以经销商对我们很重要！现在我跟你讲讲经销商这个群体，以及跟他们合作的原则和建议。"

快消品行业经销商赚钱的逻辑是什么？

经销商是伴随着快消品行业发展应运而生的中间商群体，他们依靠代理某个或多个厂家的品牌通过进货和出货的差价来赚取利润，而快消品行业的经销利润看上去很小，但实际上非常可观，因为这个模式和股票投资里面的价值投资流派非常类似。说到价值投资，大家一定会快速想到巴菲特，他一直坚持的投资理论告诫世人："一个人做投资一定要找到一条很长很湿的斜坡来滚雪球。"国内快消品经销商这门生意已经被验证是完全符合巴菲特这套逻辑的。如图1-3所示。

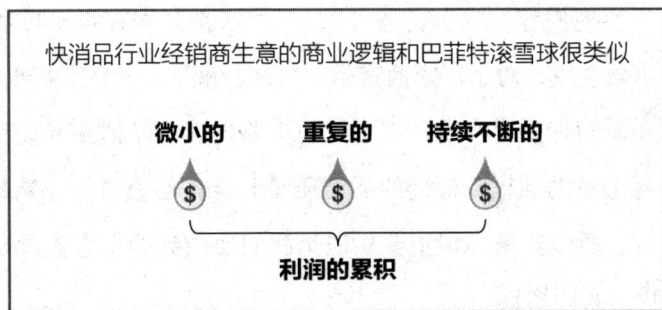

快消品行业经销商生意的商业逻辑和巴菲特滚雪球很类似

　　微小的　　　重复的　　　持续不断的

$　　　　$　　　　$

利润的累积

图1-3　快消品行业经销商赚钱的逻辑

"微小的！重复的！持续不断的利润的累积，日复一日，年复一年！"其实这就是巴菲特一生热衷投资可口可乐和吉列等快消品的原因，因为他早已参透快消品持续不断的小微小利其实就是商业世界里最稳定的暴利。

现在快消品行业主流经销商群体大多是2000年左右赶上行业发展红利发家致富的，他们大多努力上进、吃苦耐劳、精打细算并富有创业精神，他们中的很多人在快消品经销这个生意里赚到了人生的第一桶金。然而，随着行业渠道的快速迭代和新零售新技术的不断发展，同时逐步老龄化使得很多经销商老板们面临着前所未有的困惑，诸如经营毛利低、二代接班难、新渠道难适应、生意瓶颈突破难等很多现实问题使得他们越来越觉得生意难做，其实归根结底都是认知的固化！

老一代经销商生意做得越久越成功，自我认可度就越高，认知闭环就越早，路径依赖越重，比他们的年龄更可怕的是钝化！

不难看出，其实和经销商打交道最关键的是帮他们赚钱，但是要管理他们的预期，不要让他们赚快钱、赚费用的钱，而是要赚长期的合理的经营的毛利，这就是你未来的重要角色！即用你的专业技能代表公司在政策和规范的范围内帮助经销商赚对的钱、长久的钱！

要引导和影响经销商老板及他们的团队，**生意要持续增量，首先要做到信息持续增量，也就是认知的持续更新和迭代**。现实是，大多数经销商老板和从业者都不具备这样的能力，但是由于他们占据每个品牌厂家的当地代理权时间较长，换他们容易"伤筋动骨"，一些快消公司在很多市场里不得不靠他们做订单顶业绩，对于厂家而言是"带病作业"，业绩结果可想而知。

未来你和他们打交道将是日常工作的重要内容，经销商老板和团队的配合将是你做好生意的前提，他们的运营质量和合作心态直接影响你的KPI达成和业绩指标，所以经销商很重要！但是我们要做到的是专业指导，不卑不亢，斗智斗勇，共同增长。

"小王，经销商管理有很多学问，以后有时间专门教你如何管理经销商，当然只要你用心观察、每日总结，你会很快摸索出一套属于自己的经销商管理之道！加油吧！小王！"

五、认识你自己：什么是快消品销售新人需要具备的素质和心态

谈到这个话题，如果你打开百度搜索相关问题，得到的答案大概率会是强烈的自信心、良好的沟通能力、端正的工作态度、极强的分析能力、出色的演讲能力、主动学习的能力、强烈的企图心、善于解决问题……

老一辈形容快消人的艰辛总是喜欢用**"四千四万"**——千山万水、千辛万苦、千言万语、千家万户，教导新人也会比较直接地教**"嘴勤、腿勤、笔头勤"**。

对于一名新入职的快消品销售人而言，初出茅庐的他们其实很难理解和消化这么多内容。

现在时代不一样了，**新一代快消新人不仅要继承老一辈吃苦耐劳的优秀品质，还需要具备更加全面的综合素质，特别是对于新零售、新渠道的机会识别和承接能力！**因为这个年代渠道发展太快了，很多老渠道的权重越来越低，新零售、新渠道的占比越来越高。但是新零售和新渠道没有老师可以教你，很多都需要你自学、自识别和自适应。

"因为经历了太多复杂，才知道简洁的力量！今天我给你的建议是化繁就简，能够至少帮你顺利度过前36周的销售员起步阶段，起步阶段就是为你的职业生涯建好地基打好桩！36周以后我想你会有自己的总结和思考。"老王清了清嗓子继续说着。

快消品销售新人需要具备"三个成长"和相应的"三个心态"，如图1-4所示。

```
┌─────────────────────────────────────────────┐
│   快消销售新人的"三个成长"和"三个心态"        │
│                                               │
│   精神心态成长    ⟺    坚韧向上               │
│                                               │
│   知识结构成长    ⟺    复盘向上               │
│                                               │
│   销售技能成长    ⟺    实干向上               │
└─────────────────────────────────────────────┘
```

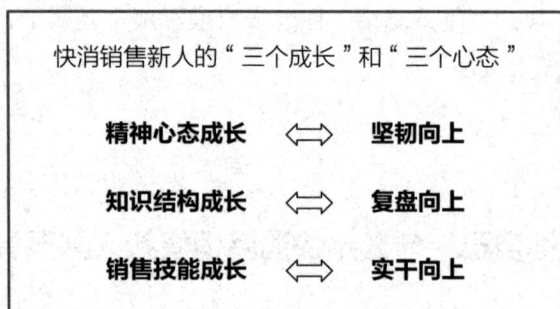

图1-4 快消品销售新人需要具备"三个成长"和相应的"三个心态"

"小王，做销售尽管行业门槛不高，但是做好不易，从来都是一个辛苦的职业！坚韧永远是这个行业的入门必备心理素质，否则很容易自暴自弃被困难打垮，因为困难会在每一天不定时地挑战你和打击你，所以具备打不垮的心理素质是基础。

"关于知识结构的成长，好记性不如烂笔头，所有的高绩效都来自每日复盘和每日精进，这个素质需要你对销售这份工作充满热情，只有通过大量的高频、高质量复盘和思考，你的销售知识体系才能每日生长，逐步成熟，成为自己的能力肌肉，越长越壮实。

"最后一点是工作技能的成长，你要明白知识不等于技能，也就是懂得怎么做和实际做出来之间依然相差十万八千里。每天白天工作的饱和度、挑战性和多样化将直接影响着每天晚上复盘的质量。千万不要认为日复一日月复一月重复同样的工作内容是一种无意义的消耗！只有大量的重复才能演化成刻意练习，刻意练习才能真正带来工作技能的实质性提升，也就是实干向上！"

理解了以上五个基本认知，就将开始正式进入24周"养成计划"。一个快消品新人也是职场新人，不能仅仅依靠自己悟，还要资深销售的"传、帮、带"，"养成"其实就是陪跑！一路陪伴、一路传授、一路扶持、一路教带！

第三节　小王全渠道实操"24周养成计划"开始啦

　　江城大厦27楼，盛夏炙热的西晒透过窗户照得办公室里的文员们有点蔫，然而小王却精气十足，听了一上午老王通俗易懂的"五大基本认知"，小王对于下午的内容更加充满期待。

　　"小王，为了让和你一样的销售新人在一入职就能顺顺利利地走正路、学真功，我和几位经验丰富的资深销售同事为你们精心编写了一本城市开发实战指南。通过我们系统梳理、充分思考和反复演练，我们把一个未来城市管理岗位的新人需要掌握的技能体系分成了六大模块，通过这六大模块的技能系统指引，帮助你们快速进入角色，并掌握一名快消品销售人应该具备的城市市场开发技能。学会了这个技能体系后，我们将会派你去管理一个城市市场，让你在实战中继续学习，在战斗中学习战斗，直至成为一名合格的城市销售经理。

　　"根据6大模块的技能难易度和学习周期，我们进一步将6大模块分解到了20个具体执行动作，通过未来的24周的学习、实践和提炼来完成6大模块20个标准动作的刻意训练和速成，整体就是系统性的《快消品销售主管城市开发策略地图》！"如图1-5所示。

快消品销售主管城市开发策略地图

六大模块 二十个动作

目标 ⇨ **区域** ⇨ **渠道** ⇨ **客户** ⇨ **品类** ⇨ **追踪**

年度生意目标	锚定目标市场	锚定目标渠道	锚定目标客户	产品组合提效	过程追踪优化
动作1：城市市场年度体检	动作5：城市市场地理识别	动作8：渠道优先级矩阵	动作11：客户优先级矩阵	动作14：主攻产品组合运营提效	动作17："日盯日高"每日执行动作
动作2：城市生意诊断和一页处方	动作6：城市市场优先级矩阵	动作9：基于渠道的品类组合选择	动作12：重点零售客户JBP	动作15：副攻产品组合运营提效	动作18："周盯周涨"每周追踪动作
动作3：城市经理签署年度任务书	动作7：重点市场全渠道网点筛查	动作10：目标渠道的使命必达（JBTD）	动作13：其他渠道重点客户一页精要	动作16：防守产品组合运营提效	动作19："月盯月升"每月管理动作
动作4：开发策略内训建立强共识					动作20：关键"战机"的"百日行动"

定目标 **定战场** **定战壕** **定客户** **定单品** **定追踪**

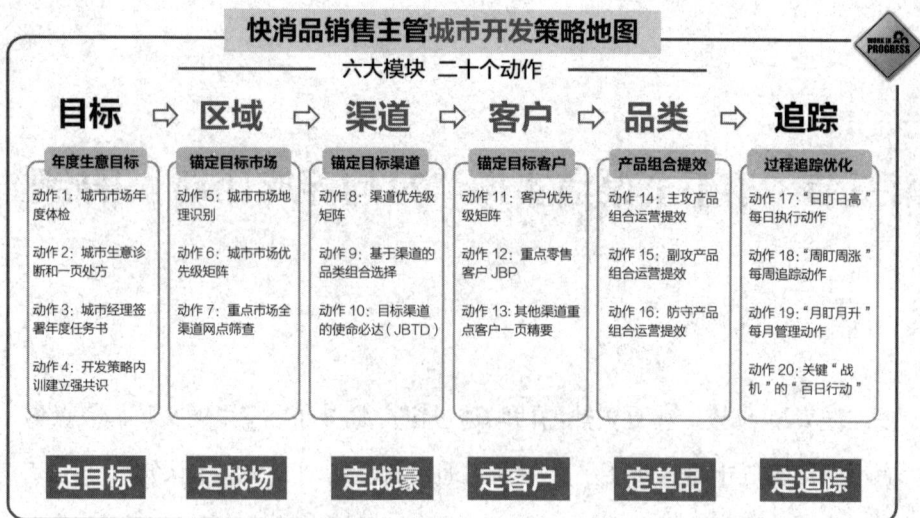

图1-5 快消品销售主管城市开发策略地图

具体的"6大模块20个标准动作"内容将在本书的第二章至第七章逐步铺陈讲解。如表1-1所示。

表1-1 快消品销售新人24周城市开发实战日程表

模　块		六　定	周　数	动作编号	任务描述
模块1	目标篇	定目标	第1周	动作1	城市市场年度体检
			第2周	动作2	城市生意诊断及计划
			第3周	动作3	城市经理/主管签署年度任务书
			第4周	动作4	开发策略内训建立强共识
模块2	区域篇	定战场	第5周	动作5	城市市场地理识别
			第6周	动作6	城市市场优先级矩阵
			第7周	动作7	重点市场全渠道网点筛查
模块3	渠道篇	定战壕	第8周	动作8	渠道优先级矩阵
			第9周	动作9	基于渠道的品类组合选择
			第10周		
			第11周	动作10	目标渠道的使命必达（JBTD）
			第12周		
			第13周		

续表

模　块		六　定	周　数	动作编号	任务描述
模块4	客户篇	定客户	第14周	动作11	客户优先级矩阵
			第15周	动作12	重点零售客户JBP
			第16周		
			第17周	动作13	其他渠道重点客户一页精要
模块5	品类篇	定单品	第18周	动作14	主攻产品组合运营提效
			第19周	动作15	副攻产品组合运营提效
			第20周	动作16	防守产品组合运营提效
模块6	追踪篇	定追踪	第21周	动作17	"日盯日高"每日执行动作
			第22周	动作18	"周盯周涨"每周追踪动作
			第23周	动作19	"月盯月升"每月管理动作
			第24周	动作20	关键"战机"的"百日行动"

第二章

模块1——目标篇（定目标）

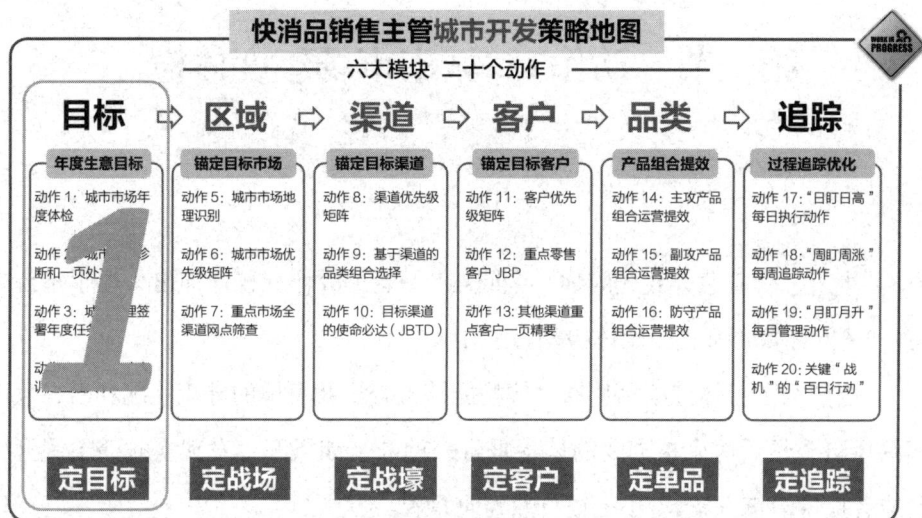

图2-1　定目标

经过老王一上午对"24周计划日程表"的系统性梳理和详细讲解，小王更加兴奋了，甚至迫不及待地想要开始自己的销售工作。老王看在心里，仿佛看到了当年的自己，每一代快消年轻人都是怀揣着激情跨入这个行业，除了年代不一样，其他相似的情景总是重复上演着。

"小王，我们作为前线做业务管客户的销售人员，首先要做到的是目标清晰！如果没有明确的目标牵引，很多事情都无法开展。今天先从如何定目标开始！"

"定目标"包含四个标准动作，分别是城市市场年度体检、城市生意诊断及计划、城市经理或主管签署年度任务书和开发策略内训。（如图2-1）

第一节 动作1：城市市场年度体检

"小王，别着急，我先问你一个问题！"老王故作神秘地伸出一根手指说道，"请问你每年都去医院体检是为了什么？"

"当然为了身体健康啊！通过体检能够检查出我身体的健康状况和潜在生病的风险，然后医生根据我的体检报告来诊断，如果医生发现疾病会给我开药或者提供治疗方案。"小王很自然地应答着。

"没错！我们每年都要进行定期的专业体检，其实一个城市市场也需要体检！市场就好比是一个机体，渠道就是各种血脉，我们要像检查自己的身体一样检查城市渠道血脉的健康度，哪里有问题、哪里有隐患、哪里有缺失、哪里有堵塞都要清清楚楚、明明白白！"

"那该如何对市场进行体检呢？"小王疑惑地问道。

"两个方面来进行。一方面进行短时间的密集看店终端拜访；另一方面就是看店拜访后的深度复盘。当我们做好这两方面工作，才能切实诊断出市场的问题和机会。

"举一个例子，世界商业首富比尔·盖茨每年一周的木屋独处和巴菲特一年一周的股东大会，其实就是一种体检，是对他们自身认知体系的大体检。异曲同工，我们对市场的体检不仅仅是对市场的诊断和把脉，其实某种程度上也是对我们销售管理者的自身认知做的一次年度回顾和更新。"

城市体检不能马虎，更不能敷衍走过场！对待年度体检的态度决定了生意发展计划的质量。我们再忙也要分配整段大块的专属时间来做一次年度体

检，对于一些积重难返的"老大难"市场和新近开拓的"新空白"市场最好一年两次。

每次体检的时间最好是整整一周！如果实在无法腾挪出七天，最少也要保留最低限度的三天。充分利用这几天去渠道和终端蹲点观察人流潮汐和购买习惯，花时间和行业采购套话、找机会和渠道里的消费者聊天。尽可能多了解关于这个市场各个渠道的方方面面、弯弯绕绕和沟沟坎坎。

如果三天是低配的"基础体检"，那么七天就是高配的"加强体检"。如表2-1所示。

表2-1　市场体检表

	周一	周二	周三	周四	周五	周六	周日
基础体检							
加强体检							

基础体检的三天建议放在周二、周五和周日。周二一般是每周最淡的销售日，也是基层业务团队工作量相对较小的一天，在周二密集拜访不仅不会影响工作进度，还能做到拜访不扰民。周五一般是周末销售高峰的开端，周五拜访终端和客户会得到很多一手信息、真实的反馈。而周日往往是关键销售日，白天的早市、中午、下午和傍晚都有不同时段的小高峰，这一天能够现场感受到终端消费者的购买行为和反馈，最客观地反映售卖的问题和机会。

教你一个动作——"泡"！

把自己"泡"进市场里！

把自己"泡"进渠道里！

把自己"泡"进终端里！

落个俗套，举个企业家的例子。湖南芙蓉兴盛连锁的创始人岳立华说过，他早期每天要花2~3个小时"泡"在街头巷尾的小店里，和老板们谈天侃地，对于小店的理解越来越深，后期他凭借对小店渠道的实战认知和海量访谈创办了中国最大的小店连锁——芙蓉兴盛和第一家社区团购平台——兴盛优选。

市场不只是用来"跑"的，还需要"泡"，岳总靠"泡"市场泡出来一个兴盛优选，作为职场新人，前期打经验基础的时候更要"泡"。这就是快速建立渠道认知和体感的高效方法。只有前期花很多时间、精力"泡"在里面，才能学习和体会到很多细节和卡点，从而实现量变到质变的认知转变！

加强体检其实就是把集中"泡"市场的时间拉长，建议是用整整一周的时间对目标市场各层级、各渠道、各触点的里里外外、角角落落进行沉浸式深度检核。从周一到周日，每一个工作日和周末对销售工作而言都有着不同的角色和定位，每个渠道从一周的时间维度来看会有很多不同的生意节奏和进销存，整周的检核对于城市销售主管将是一个更新市场动态和整理管理思路的绝佳"黄金周"。

"小王，我们每周一到每周四看上去主要是在做覆盖、做拜访、做订单等日常基础工作，其实也是在为周末三天的关键销售日做准备。在大超市占比高的生意中，每周五下午到周日的两天半是销量高峰，这段高峰的社会销售（即二级销量/Offtake/Sell-out）一般是周一到周四的2~3倍。如何在每周前四天做好订单生成、准备POSM（辅助销售物料）、送货送店跟进、长期促销员班次调整管理、临时促销员卖进和岗前培训、赠品配比送达、地堆落位确认、额外外场资源锁定等事项，都是能否在周末更多卖出的关键。一个周末"爆破"的成功来自一周的准备！"

"王总，我理解您的意思了，就是看市场不仅要看平常工作日，还要看周末的市场动态。您希望我们最好花一周的时间从日常琐碎的生意运作里抽离出来，利用七天的时间完全涵盖日常工作日和关键周末高峰日，通过客观的观察、梳理、提炼，总结出每个渠道在每个时间段的生意特征和工作要点。"

"是的！这个为期七天的体检非常重要。俗话说：'一日之计在于晨，一年之计在于春。'快消品销售人的一年之计其实在于去年年底！比较恰当的体检时间建议放在11月，这样就能预留充足的时间在12月做次年的城市计划和设定新一年的年度目标。"老王补充道。

那么，专门腾出时间后，年度市场体检具体要看什么呢？看五个方面，如图2-2所示。

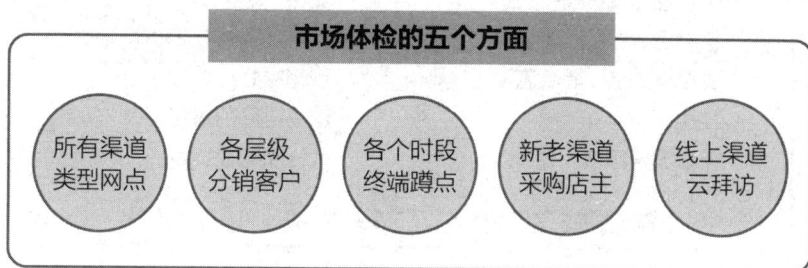

市场体检的五个方面

所有渠道类型网点 　 各层级分销客户 　 各个时段终端蹲点 　 新老渠道采购店主 　 线上渠道云拜访

图2-2　年度市场体检的五个方面

一、所有渠道类型的网点

对！是所有！

不要只是检核已经做得好的、做得顺手的渠道，还要拜访目前生意中的薄弱渠道、问题渠道和趋势渠道。每个渠道在我们的生意中都扮演着不同的角色，生意成熟程度也各不相同，我们不应该只从内部数据和生意占比来"先入为主"选择性聚焦，而是要从市场上的实际渠道贡献率来客观检核，即主观上不带任何主观倾斜，要客观地把所有的渠道终端全部拜访检核。

另外，在拜访每个渠道终端网点的同时，建议多找终端网点的经营者沟通聊天，最直接的动作就是看完门店后直接走到该店的办公室找老板——直接和老板聊！聊毛利、聊品类、聊动销、聊客流……这种和老板坐下来面对面的详聊会加强对该门店终端和所在渠道的深入理解和洞察。如图2-3所示。

```
——————— 一看所有渠道类型的终端网点（线下部分）———————

  大卖场 / 大超市              批发市场门面 / 摊位

  中型超市 /BC 场             乡镇赶集

  小超市                     菜市场门面 / 摊床

  连锁便利店                  娱乐场所

  化妆品 & 新兴潮品店          餐馆终端

  母婴店等各品类专业店         乡村批零兼营店

  夫妻老婆店 / 烟杂店          购物中心

  校园超市                   返场电商前置仓

  特殊渠道路演                社区团购提货点

—— 以上涵盖的渠道终端只罗列线下的主要类型，各品类之间存在差异。——
```

图2-3 所有渠道类型的网点

以批发市场为例，当你要考察检核这个渠道时，要注意两个时段——"一早一闲"！

"一早"就是要一大早！建议早上早起，赶在批发早市开市前到达现场并开始实地观察，因为早市是批发市场最旺时间段，要了解这个市场的人流和景气，一定要亲身经历这个市场的早市。车水马龙的嘈杂声中能够最直接地感受到批发市场的人流、商流和信息流。但是由于这个时段的市场非常繁忙，老板和伙计们都在接单派单的紧张工作状态中，请不要打扰他们，在旁边找一个不阻挡人来往和搬货动线的位置，认真观察并记录。

"一闲"就是等闲下来！相对于早上的忙碌，午后的下午时间对于批发商老板和伙计们而言空闲一些。建议利用下午时间对批发商进行访谈沟通，没有太多生意琐碎的干扰和打断，交谈会更加放松和开放。

二、各层级分销客户

衡量一个市场的健康度，各层级的分销客户拜访和沟通必不可少。**每个**

城市分销网络的层级架构设计和各层级客户质量，是左右一个城市市场生意稳定性和增长性的两大要素。 通过实地拜访和面对面的沟通交谈，你可以真实了解各层级分销商老板和从业人员的真实心声和真实诉求，对于后续的市场拓展和运营会有很多帮助。

图2-4是关于各层级分销客户的建议拜访清单，包含线下和线上新零售。

二看各层给分销客户（线下＋线上零售）

	线下	线上新零售
一级分销	区域／城市分销商 渠道分销商	社区团购／ERTM／生鲜平台／ 近场电商分销商
二级分销	二级分销商	二级承接／履约客户
三级分销	批发商	站点／履约点

图2-4　各层级分销客户的建议拜访清单

作为品牌厂家的当地生意"操盘商"和"代言人"，一级分销商总是最受我们关注。他们所在的办公室一般都是当地销售团队的办公场所。也许你会纳闷，每天都来经销商这里上班，还值得拜访吗？换一个问题，每天都住自己家为何要在年底大扫除？同理，朝夕相处的经销商看上去非常熟悉，其实有很多方面值得改进和提升。

你可能很熟悉经销商老板的性格特点，但是对于他的生意理念可能理解有限；

你可能很了解经销商团队的运作规范，但是对于它的核心卡点可能缺乏分析；

你可能很清楚经销商前端的生意管理，但是对于他的后端供应链也许不理解；

你可能很清楚经销商财务的打款流程，但是对于他的算账分润也许并不知晓。

一年一次体检，你们的核心一级分销商值得你进行一次角角落落和彻头彻尾的检核和复盘。

往下游看，一级分销商覆盖管辖的二级客户和批发客户拜访，也建议短时间高密度进行。通过对多个下游客户的拜访，一方面可以横向比较二分商和批发商的客户质量；另一方面可以反向评估一级分销商对下游客户的服务现状，从中寻求优化改善的机会。

除了线下客户，线上新零售业态的多层级拜访同样需要系统性的线性梳理和评估，从新零售分销商到二级履约客户再到终端分支站点，每个环节的作业流程和现实痛点都值得近距离地现场体验和感知。只有真正在战壕里才能闻到硝烟，也只有在前线，才能真正感受到炮火的来向和强度。

三、各个渠道终端的消费特点

快消品生意的核心逻辑是消费者的高频复购和快速消费，所以一切生意计划的设计都应该以消费者为中心！作为一名基层销售主管，无法像总部市场部或消费者研究部门同事一样定期接触大量专业系统的消费者调研和参考，你只能利用这个"体检黄金周"好好观察消费者，和他们聊天，从而深度了解他们的消费习惯和消费特点。

做一个动作！就是"蹲点"。花一个甚至几个小时蹲守在一个渠道的终端，观察这个渠道消费者的购物习惯和消费特点。只有这样，你才能切身体会到消费者如何购物、如何成交、如何思考和如何选择。这些都是你平时埋头苦干都会忽略的宝贵信息，集中一段时间集中体验会得到非常多的启发和洞见。

四、新老渠道店主的采购习惯

每个渠道终端老板和店主的采购决策与习惯，值得我们每年一次深度探究和梳理。

近年来，新零售业务的快速发展和渠道碎片化的持续加剧，很多传统渠道的采购决策发生了很大变化，采购习惯和采购路径都在持续更迭中，越来越多的选择使得各渠道老板和店主拥有更多主动权。

作为一线基层销售主管，我们要清晰认识到这个变化，通过密集拜访和沟通得到一手的现实状况和解决方案。不仅要对老渠道做进一步的更新和了解，新渠道的进货源头也是多头且复杂的，需要我们花时间、花精力去挖掘、沉淀并梳理这些信息。

以我们身边的烟杂店为例，一家小店店主采购货品的渠道是多样的，但更多是惯性的。作为厂家销售，你提供的促销价格可能是市场最低的，但是考虑到账期、货龄、兜底、服务和一站式采购便利等因素，这家小店店主依然选择已经合作多年的上游批发商。因为相比某厂家业务提供的1~2个品牌的价格优惠，上游批发商带给他的稳定性、信赖感和方便性更重要。

当然，通过实地拜访，你会发现有些小店一直从阿里零售通采货，或者长期固定在大润发飞牛网上拿货，这都是渠道多样性带给终端店主的多源头采购选择，我们需要通过大量的拜访才能找出内在的共性和个性，从而洞察新老渠道店主的采购习惯。

五、线上平台的经营现状

以上"四看"更多是线下的动作和角度，线上新零售平台的经营现状同样需要专门花时间去云拜访、云看点和云体检。

线上体检看什么？如图2-5所示。

看社区团购的页面，我们的产品是不是上了首页首坑？我们的上刊价格是不是准确？

看ERTM的页面，我们的价格促销是不是正确上刊？我们的赠品机制是不是传达无误？

看O2O到家平台的页面，我们的主图是不是合规美观？我们的价格是不是具有竞争力？

看银行商场的App页面，我们的积分换购是不是有弹窗？我们的SKU是不是描述正确？

看生鲜电商App页面，我们的生鲜联合促销信息是不是足够清晰？优惠券是不是没有叠加？

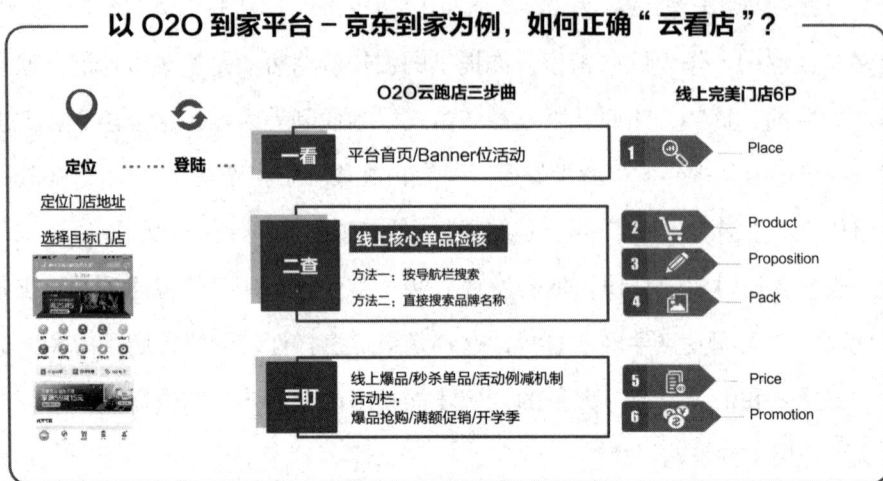

图2-5　云看店

完成以上五个方面的"体检"动作，就能对整个目标市场拥有全方面、多角度、有深度的评估和检测，以此次体检的信息为基础，要集中时间和精力对这些碎片化信息进行归纳、整理、提炼和总结，为下一个动作生意诊断做好准备。

同时，注意一个很容易踏进的误区，以往很少做或者从来不做市场年检的销售团队开始做年度体检工作时很容易"走过场"和"磨洋工"，只是象征性地走几个市场、看几家终端、拍几张照片，加上主管经理们也不强推，很容易把年度体检变成年度逛街。

这是完全错误的！抱着可有可无、应付交差的心态做这样的低效检核还不如不做，浪费精力、浪费时间。

做年度体检必须从上到下都要重视，特别是"一号位"的城市经理或者主管必须高度重视的工作，而且年度体检切忌做一半就结束！如果检核不彻彻底底按照计划执行，如此"半吊子"的检核工作就是在建"烂尾楼"，对后续年度计划的制订没有太多借鉴和实际意义。

读到这里，也许你已经意识到以上五方面的体检动作几乎都是"以我为主"。然而，我们从事的快消品销售行业是一个充分竞争的"红海"行业，**必须兼顾"Internal Focus"和"External Focus"，既要"向内看"也要"向外看"。**

在市场体检的过程中，我们有时间、有机会顺便把竞争对手一起检核了，看看竞争对手强在哪里、弱在哪里、哪些值得我们借鉴、哪些是提醒我们少做和不能做的。

多年来，笔者走了大大小小几百个一线市场，花了很多时间在检核自己公司品牌的执行之外，同样耗费了很多精力去研究对手，经常在竞品堆头前一站就是半小时，和团队一起在"战壕"里探讨竞争对手的促销机制设计思路、产品卖点定位策略、销售团队管理方法和市场推广逻辑推演。

因为市场上良性竞争始终存在，我们总是被竞争对手推着走，也在竞争中变得越来越完善、越来越强大。

然而，研究对手和学习对手的"度"不能过！不是对手做得好的方面，我们都能学，我们都必须"依葫芦画瓢"生搬硬套，这个不可取！

举一个案例，日化行业里的洗衣品类分两大流派：一派是某品牌为突出代表的本土公司；另一派是世界五百强多个强势品牌环伺的外资公司。

品类相对单一的本土公司擅长深度分销，二十多年来依靠"农村包围城市"和"下线渗透高线市场"的策略，通过高效的渠道渗透的"推力"实现了稳定生意基本盘。

相比前者，品类更加丰富多元的外资日化巨头更精于现代渠道和新兴渠道，自打进入中国市场就利用品牌优势从一二线城市向三四线市场下沉，通过品牌强大的"拉力"拿到了很多份额。

多年来，后者一直都想学习前者的"深度分销"策略，目的是"走深"。

多年来，前者一直都想学习后者的"品牌营销"精髓，目的是"向上"。

事实证明，两大门派都没有学习到对手的真经，做大自己的"长板"让大家继续依靠着自己的优势实现生意的可持续增长，所以学习要有度，不盲目、不激进，扬长避短，稳步提升。

第二节　动作2：城市生意诊断及计划

"小王，我们做年度市场体检的目的是什么？"老王略带微笑地问小王。

"身体体检是为了检查身体是否健康，市场体检应该就是要检查市场是否健康，并对症开方、拿药、治病。"小王很自信地答道。

"非常好！集中几天甚至一周的时间对城市市场做体检当然是为了发掘问题并解决问题。体检完的下一步就是诊断，并将诊断建议开成药方，也就是年度计划。"如图2-6所示。

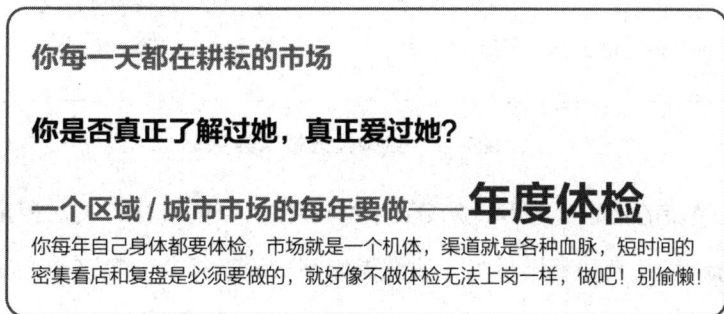

你每一天都在耕耘的市场

你是否真正了解过她，真正爱过她？

一个区域／城市市场的每年要做——年度体检

你每年自己身体都要体检，市场就是一个机体，渠道就是各种血脉，短时间的密集看店和复盘是必须要做的，就好像不做体检无法上岗一样，做吧！别偷懒！

图2-6　年度体检

给市场做体检写计划就好像现实生活中的求医看病，基于城市体检检查出来的汇总报告，我们要做诊断。那么问题来了，找谁做诊断非常重要，因为"诊断大夫"的专业程度和经验丰富度直接影响和决定着诊断结果。

"王总，您觉得好大夫和差大夫的差距在哪儿？"小王问道。

"医学是一门科学，更是一门经验科学！对疾病的诊断既需要丰富的医学

知识，又需要长时间临床积累造就的灵感和直觉。医生要在娴熟地使用医学知识的同时，配上经验造就的灵感和直觉，这就是一个好大夫和一个差大夫的区别，也是专业和非专业的区别。同理，其实我们做销售和做医生异曲同工。我们做销售、做业务也是一门学问和科学，也是一门经验科学！不仅需要对市场渠道和终端有专业的管理运营知识，更需要长期在一线实战中积累的丰富经验做支撑！"老王意味深长的回答显然对小王很有启发。

工作中，在年度检核和年度计划这些关键任务上，基层销售人员的确需要上级直线经理的直接介入和指导。每一位销售经理也有责任帮助基层销售主管和销售代表完成年度检核和计划的专业性把关。

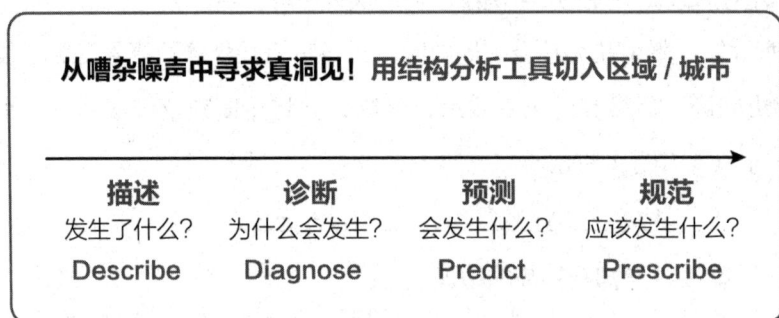

图2-7 结构性分析工具

富有经验的销售经理和主管就如同身穿白大褂的资深大夫，相比日常更偏执行的销售代表和基层员工，他们更能够从纷繁复杂的数字和充满噪声的市场中找到核心问题和问题背后的原因。如图2-7所示。

这里推荐一个结构性的分析工具——DDPP。

描述——"发生什么事了？"

当您需要了解正在发生或已经发生的事情时，使用描述性分析。

诊断——"为什么会这样？"

诊断分析用于理解和找到某些事情发生的原因。

预测——"会发生什么？"

预测分析用于预测某些事情发生的可能性或填补信息空白。

规范——"应该发生什么？"

规范性分析用于就达成可能的解决方案所需的行动提供建议。

简单地说，"DDPP"工具就是四个步骤——先描述（Describe），再诊断（Diagnose），然后预测（Predict），最后开具处方（Prescribe）。

步骤一：描述（Describe）。陈述事实，不要加自己的主观判断和偏向，就是发生了什么？

步骤二：诊断（Diagnose）。针对市场的现实情况来分析和挖掘成因，搞清楚为什么会发生？

步骤三：预测（Predict）。如果顺着目前的现状继续发展下去，未来大概率会发生什么？

步骤四：规范（Prescribe）。也可认为是开处方，主动介入管理，通过合理的计划让生意优化，也就是应该发生什么？

"小王，等你拥有一定的工作经验之后，你可以经常使用这个简单的DDPP工具，越简单的工具越容易使用，就好像营销学里面传承最久的工具往往都是类似于SWOT分析这样的小工具，而不是那些看上去很全很大，但是华而不实的大体系流程工具。"

当然，即使是经验丰富的直线经理或者资深销售参与进来，也要保证参与的质量！就好像很多公立医院的专家门诊，每天少则几十多则上百个挂号，每个病人被大夫诊断的时间非常仓促，恨不得几分钟一个人。这样的情况同样会在销售团队中出现，很多经理的确参与了年度检核结果的诊断和年度计划的制订，但是参与度不高、颗粒度不够、花的时间不够，这样的情况也值得我们关注和纠正。

因此，厂家省区销售经理一级要多关注基层城市经理和主管的年度检核和生意计划，这个工作关系到年度生意的策略方向，需要具有经验丰富的"老将"经理们花时间集中精力去辅导、纠错和协助，避免一线销售人员由于缺乏指导而导致他们的年度检核流于形式，甚至根本不做。再加上后续相关的年度生意计划大都自己起草自己审核，直线经理偶尔过问草草过堂，计划质量都经不起推敲，我们还怎么指望通过这个计划带来后续的执行结果呢？

谈完了由谁诊断的问题，接下来就要确定诊断的产出。

大家在医院里，大夫给咱们诊断之后的动作一般都是开处方，大部分处方都有一些共同的特点——**短小精悍，不说废话，拿方抓药，解决问题**！

我们的城市生意诊断也要如此犀利简洁，对于一线的城市销售经理主管而言，**"能够把生意存在的核心问题用简洁的语言讲清楚"** 是一种稀缺的能力！

通过一个例子来分享一下笔者对诊断产出的观点，如图 2-8 所示。

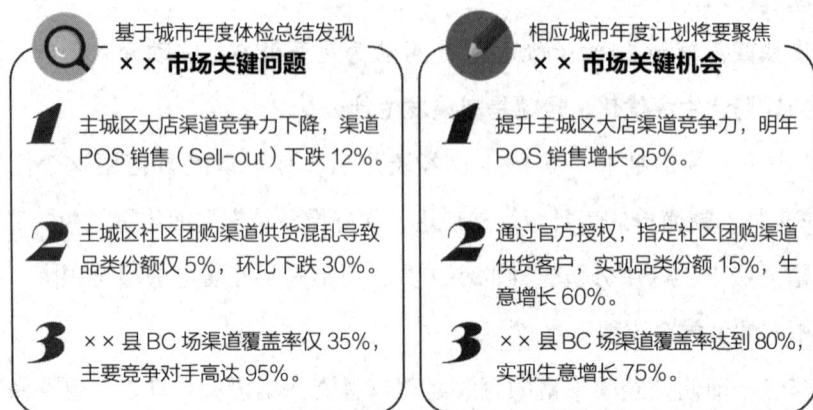

基于城市年度体检总结发现 **×× 市场关键问题**	相应城市年度计划将要聚焦 **×× 市场关键机会**
1 主城区大店渠道竞争力下降，渠道 POS 销售（Sell-out）下跌 12%。	**1** 提升主城区大店渠道竞争力，明年 POS 销售增长 25%。
2 主城区社区团购渠道供货混乱导致品类份额仅 5%，环比下跌 30%。	**2** 通过官方授权，指定社区团购渠道供货客户，实现品类份额 15%，生意增长 60%。
3 ×× 县 BC 场渠道覆盖率仅 35%，主要竞争对手高达 95%。	**3** ×× 县 BC 场渠道覆盖率达到 80%，实现生意增长 75%。

图 2-8　笔者对诊断产出的观点

这是一个城市市场在年度体检之后经过总结提炼之后产出的三大关键问题，这些问题分别出自主城区大店渠道、主城区社区团购渠道和该地级市下辖某县城的 BC 场渠道。对应左边每个关键问题，右边都有一一对应的关键机会相匹配。

这个例子输出的核心要义是：

第一，针对问题解决问题，当我们发现关键问题的另一面，代表我们也发现了关键机会。

第二，问题不超过三个将便于聚焦执行，一个销售团队一年解决三个问题其实并不容易。

第三，聚焦渠道！相对4P的产品、价格和促销，仅渠道是充分竞争，且依赖销售团队。

第四，销售团队人数多、层级多，信息上传下达过程容易打折扣，所以内容越简单越高效。

"小王，一个好消息一个坏消息！好消息是基于体检报告写城市计划会很靠谱，坏消息是即使这样，写出来的城市计划也容易走进死胡同。"老王略带微笑地教导着小王。

越来越多的一线销售主管抱怨城市计划越写越累、越做越费时间，距离实际的市场实操却越来越远，我们应该拒绝无效内卷。

不要做应付交差却无关痛痒的年度计划；

不要做数据堆砌却很难落实的年度计划；

不要做求全托大却脱离日常的年度计划。

如果计划不善，那么就意味着计划失败，这是城市生意发展的死穴！

做城市计划的目的是生意、增长！凡是和增长不太相关的数据和页面都可以考虑不要，而很多看上去很有道理（市场份额和市场容量等第三方数据）、很必要的部分（人口组成、可支配收入等基本数据）大可精简甚至删除。

管理一个城市的一线销售主管真的需要市场份额的详细解读吗？

现实是，基层城市经理对于尼尔森等第三方数据解读本来就吃力，计数逻辑和采样范围和他们平时日常管理的经销商渠道相关性并不大。更扎心的事实是，你的品牌市场份额本来就低，与其分析每个基点的涨跌原因，不如多到大店终端多卖几箱货。

管理一个城市的一线销售主管真的需要理解人口构成和消费力水平吗？

现实是，大多数厂家品牌当实际市场份额不超过五成的情况下，人口的构成和涨跌、人均可支配收入的高低对于大部分快消品而言没有太大影响，我们的大多数产品也就一杯咖啡、一杯奶茶的钱，就不要费心费力搬一堆经济数据来磨洋工了。

一线基层销售主管制订年度计划应以渠道为中心！

行业里早有共识，快消品销售涉及的4P中只有"Place——渠道"是我们不可控的部分，其他三个都是可控的！

"Product——产品"是每个公司的起点和载体，属于高度自主，一线城市经理只管卖就好；

"Price——价格"是每个公司的命根子，能否挣钱生存都靠定价，一线城市经理其实只管卖就好；

"Promotion——促销"的效率是能否持续增长的引擎，一线城市经理更多是执行就好。

只有以渠道为中心作为载体的产品、价格、分销和动销才有真正的落地抓手！

在当下渠道不断裂变、迭代、重构和升级的每一个城市市场，即使紧邻的两个市场的渠道结构也有可能大不同，这就需要每一位前线销售主管全身心观察、分析、思考、经营和掌控！

只有以渠道为中心，选品、定价和促销才会更精准、更高效！

从大卖场、大超市、BC场、GK烟杂店、便利店CVS、批发、特渠、专业店到平台电商、到家电商、内容电商、直播电商、ERTM、社区团购，每个城市的渠道组成都不一样，每个渠道的发展阶段、生意权重、能力匹配、操作难易、信用等级也不同，所以，基于渠道为中心构建每个渠道的4P策略是当下最现实，也是最高效的生意计划。

为了不让计划成笑话，我们要非常严肃地做好几个跟进动作来确保计划不夭夭。

动作一：年度计划第一个月很重要，对于第一个月要设定比较容易达成的小目标，第一个月结束后务必回顾，和团队一起庆祝年度计划开门红，让团队"爱"上这个年度计划。

动作二：所有市场检核的路线和KPI都必须高度遵循城市年度计划，切忌"计划一套"却"检查另一套"，要保持这个城市市场所有执行和检核的一致性。

动作三：紧盯M+2的渠道细节计划，以未来全年10个月的战略指引每两个月的滚动计划，把每两个月的计划融入每日晨会和每周周会管理，确保每天执行动作完全服务于渠道策略和增长目标。

动作四：每个月月末，城市经理作为第一责任人除了"向上述职"汇报城市计划的进展，还要附加一个"向下述职"，也就是城市经理要向自己的团队阐述城市计划的月度进展，可以反向监督和反向激励，毕竟每个团队的下属最清楚自己的老板平时在做什么，糊弄不了……

"小王，其实城市计划不用做得很完美，实际销售工作中其实没有完美的计划，只有执行得完美！**90分的计划只有60分的执行也不会及格，而70分的计划付诸90分的执行就是合格的表现。只要坚持下去，就能超过绝大多数竞争对手，因为他们习惯放弃。**现在开始的24周学习计划将会遵循一个完整的生意增长体系来——推进，24周一共20个标准动作，每个动作都是不可或缺的。我们目前刚刚做完第2个动作，真正的重要内容都在后头，好好期待吧！"老王一边说着，一边喝着刚刚泡好的大红袍。

"我一定好好学习，争取半年出师！"小王斩钉截铁地答道。

第三节　动作3：城市经理或主管签署年度任务书

"小王，你知道我们为什么要和每一位销售主管签订年度任务书吗？"

"王总，我觉得没有目标的工作就是浪费时间和精力，年度任务书对我们而言就是未来一年最重要的年度目标，非常值得做！"小王越来越进入状态。

"理解得很好！然而，现实情况往往是计划容易执行难！哪怕计划制订得非常完善，但是一到执行就打折。曾经有专家专门集合样本统计出90%的年度计划在前三个月就夭折了，因为不管是一个人还是一个团队，大家总是厌恶变化的，惯性的路径依赖总会让大多数看似完美的年度计划虎头蛇尾，甚至不了了之。"老王略有所思地回答。

"为什么呢？"小王顺势挠了挠头，有点疑惑。

"因为新的年度计划和目标总是伴随着一个词——改变！通过改变上一年的不完善、通过改变前一年的不专业、通过改变过往运作中的低效率来达成和实现工作中的过程提升和目标达成。这一切都是因为改变而发生的，但是很多销售团队就是很难改变自己的工作习惯。比如你一直想减肥，你也知道少吃多动是最正确的做法，但是很难执行和坚持，知易行难！"

老王接着说道："销售工作中的年度计划同理，都是要改变！但是仅有激情和决心是没有用的，毕竟这些精神因素很容易遗忘和淡化，要改变必须要有可执行的实操方法。**两个基本要素决定了一个销售团队能否执行好年度计划与否：一是必须容易坚持；二是必须短期见效。**"如图2-9所示。

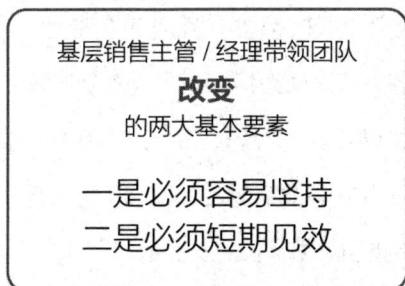

图2-9 基层销售主管或经理带领团队改变的两大基本要素

一是必须容易坚持！以前文"动作2：城市生意诊断及计划"中的××市场关键机会举例，第一个关键机会是"提升主城区大店渠道竞争力，全年实现POS销售增长25%"。这个被量化的明确动作就属于"容易坚持"一类，因为大店渠道往往具备良好的客情关系和长久的合作经验，不需要面对太多的沟通障碍和挫折，也不用做额外的卖进和管理动作，只需要做好To C（Consumer）端执行动作的改善和优化，这是前线销售团队完全可以坚持的，至少可以坚持一阵子。

二是必须短期见效！你没有看错，注意看清楚是"短期"！这里有人也许会说注重"短期"是不是过于目光短浅？现在不都流行要胸怀"长期"，做一些"难而正确"的事情吗？我认为"长期"往往给很多销售团队的"长期不改变""长期不增长"和"长期混吃等死"找了遮羞布。基层销售团队也都是由趋利避害和厌恶挫折的平凡个体组成的，必须及时让他们看到努力工作换来的进展和结果，一个在短期的工作中都看不到进步、得不到认可的团队还谈什么后续的年度计划呢？没有短期就没有中期和长期，一个连眼前短期的改变都无法坚持的团队是无法承载以一年为期的年度计划的。

"听了您的一席话，我深感认同。去年我给自己设定的年度计划第一条是每月跑步100公里，但是一直都是三天打鱼，两天晒网，坚持到第二个月就不跑了。我们的销售工作原来也是一样。"小王点点头。

"所以，以后要注意在设定自己和团队的年度计划的时候，切忌KPI过多！因为年度计划中的每个KPI都很有挑战和有难度，每个KPI的完成都需要调动和募集你与团队各方面的精力和资源，这个持续的消耗对一个销售团队而言是非常显著的。KPI尽量不要超过三个，否则团队执行起来就容易失焦和内耗，到最后一个都完不成。顺着这个××市场关键机会的案例，这里分享一个年度任务书的框架指引，如图2-10所示。"

框架指引1： 年度KPI任务数量尽可能少而精！

框架指引2： 每个KPI必须量化，如有需要，可以将每个KPI分解到子目标。

框架指引3： 越靠前的时段，追踪周期越短，从而避免计划活不过三个月。

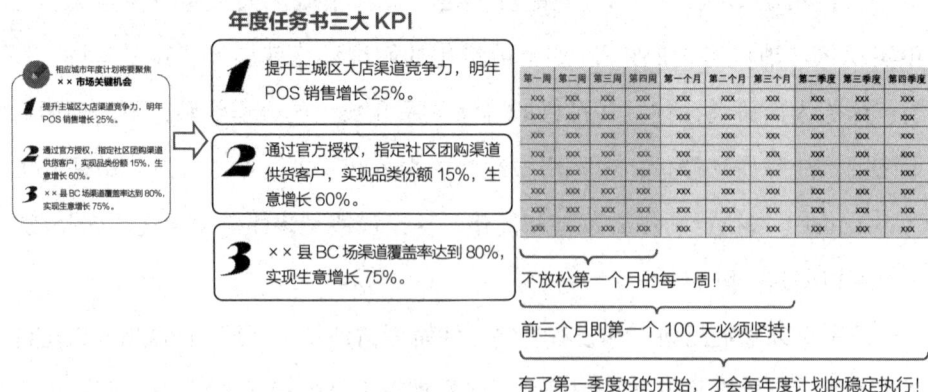

图2-10　年度任务书的框架指引

"王总，我明白了，越是计划开始执行的早期越要确保执行的纪律！"小王开始进入状态。

"非常正确，因为多年的实践给我们上了很多次课，累累的教训告诉我们年度计划和任务书越简单完成率越高，越复杂越全面的年度任务总是无疾而终。在执行的过程中必须不断地盯、不断地催！你千万不要认为进入职场后，同事们都会很自觉地办事，人人都有很强的全局观。都需要盯和催！盯和催可能会得罪人，可能会让人不舒服，但要是不催，别指望办成任何事。

"另外，为了让团队更加重视年度计划，我们每年都会举办隆重的年度任务书签署会，满满的仪式感更加衬托了指标的重要性和严肃性。每一位销售经理和主管当着整个团队面庄重地领取军令状，也代表着新一年使命必达的责任感和自信心！"老王肯定的目光中充满着对小王未来的期望。

　　"小王，后续我会手把手地教你制定年度任务书，希望在签署会上，我能够亲手向你颁发年度任务书，很期待那个时刻的到来！加油！"

第四节　动作4："大道至简"生意增长路径解析

"小王，要达成年度任务书上的几个KPI显然是不容易的。**做销售工作不是靠蛮干苦干，而是认清基础和形势之后精准地干、高效地干和有结果地干！做销售工作要懂得做什么、不做什么，要懂得选择！** Leadership All About Choice！这句英文是我的老领导教给我的，影响我很多年。**因为销售工作最重要的是效率！用一句话概括就是：'大道至简，一以贯之！'"**

"小王，我年纪比你大很多，请容我啰唆几句。我刚入行那会儿，经常被人问或是被人骂——你懂不懂做销售？那时候，我年少气盛总是很快怼回去，但是做了很多年销售之后才发现，很多快消品销售人并不一定真正懂销售！"

做业务的人是以"销售"为糊口的营生，我们付出的是一项专业，而衡量专业的标尺就是你比不是这行的人"懂"！

一个领域，如果你比别人"懂"，我觉得应该是你拥有某种优势，这种优势至少能够白纸黑字清晰地表达出来，而不是只是意会的微弱优势。

比如你懂钓鱼我不懂，是不是你有更大的概率在同样的时间里钓上好几条鱼，而我一无所获呢？比如你懂下棋我不懂，不管如何绞尽脑汁也会输给你，而且是打十盘输十盘的那种。比如你懂股票我不懂，一定是你在投资二级市场股票方面比我赚更多钱，而我大概率会亏本。

关于销售这个职业，我们真的比别人"懂"很多吗？

销售这个行业一切是以结果为衡量标准的，"懂"销售的我们既然靠这个职业赚钱，是不是应该出来的结果比别人好很多？

理论上应该是的，但是现实情况却并不一定是！

因为很多经销商和业务员看上去拥有很多经验，然而业绩增长很可能比不上一个初出茅庐的新人，结果不会骗人！

这就尴尬了，我们不得不重新审视"懂"销售的"懂"字，什么叫"懂"？

能够持续产生显著业绩增长的人就是懂销售，否则就是不懂。

太多的同行，包括我，很容易在自己的信息茧房里过度的路径依赖和自我感觉良好，事实上，我们很多的时间和精力都在重复既有的认知，甚至很多年没有改变和长进，这其实就是不懂。

在写本书时，在起草这个城市市场开发策略体系时，笔者花了大量的业余时间研究了业务工作流程中诸多细节的卡点，当用显微镜细究每一个动作和数据时，就会发现大量的认知其实是"不懂装懂"，哪怕是标榜自己多年经验的专家在很多现实的细节面前依然是漏洞百出……

所以，我们要不断问自己，你的"懂"是否是真的"懂"？

真正的"懂"应该是持续向公司交结果、交增长、交改善、交优化。

你的业绩是不是持续高速增长？

你的覆盖是不是良性提升拓展？

你的服务是不是不断满足需求？

所以，笔者认为：

真正的"懂销售"应该是"大道至简"，极致的简单才是最高效率的策略指引！

真正的"懂销售"应该是"一以贯之"，持续的重复才是最高效率的执行势能！

用最高效率的策略指引乘以最高效率的执行势能，我们就能攻下一座城！

"小王，这八个字是我从事快消品一线销售二十多年的精华提炼，一般资质的人我都不教他，看你是可塑之才，今天就分享给你。这个策略的领会对于你完成年度指标有很大帮助，对于每个城市市场的开发思路都是一个整体性的逻辑梳理。"老王笑着说，满脸的开心，这也许就是将遇良才的溢于言表。如图2-11所示。

大道至简城市开发实战策略

一以贯之	区域	每个区域／城市的主攻战场
	渠道	每个主攻战场的渠道策略打法
	客户	每个重点渠道的重点客户运营
	品类	每个重点渠道的重点品类／单品

图2-11 大道至简城市开发实战策略

心往一处想，劲往一处使！

针对城市开发策略的内训是"快消品销售主管城市开发策略体系"的第四个动作，目的是建立内部从上到下的策略共识，而且是**"强"共识——即一个基层销售团队的所有成员对于做生意的底层逻辑必须高度一致**！

"小王，这个核心策略其实是一个体系、一个整体、一个系统性的开发策略，适合各个经验层级和能力阶段的城市经理或主管学习和提升。对于你这样的快消品新销售人，从一开始就接触到这个体系更有助于你少走弯路、事半功倍！"老王一边拍着小王的肩膀一边说道。

"王总，我有个疑问，为何不直接学习渠道或者品类，而是从整个体系开始学习呢？"

"做销售、做业务的人，大多数时候不是靠自己把货物卖给消费者，而是通过我们的合作伙伴把货物卖给最终的消费者，我们日常工作的实际动作其实都是在**发布指令**！具体来说，我们作为厂家的销售人员，通过日常对经销商、批发商、零售商等各类合作伙伴发布指令来实现我们的过程指标和业绩指标。"如图2-12所示。

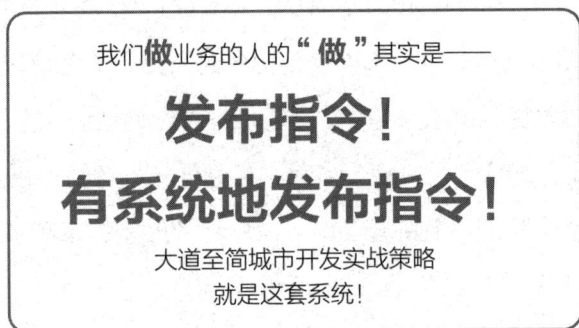

图2-12　发布指令

老王接着说："不仅仅是发布指令，还要系统地发布专业且高效的指令！这也是为何要从系统性学习整体策略入手，而非单方面从学习部分技能切入。"

该城市开发体系由四个部分构成：区域、渠道、客户和品类。

一、区域——每个区域的主攻战场

区域就是市场。每个市场的整体容量、消费类型、发展潜力和竞争强度等因素都将直接决定着我们的业绩达成和生意发展。要知道选择市场是所有计划的源头，如何找到适合品牌发展阶段、客户能力匹配、自身团队适配，并且有成长空间的目标市场是一件非常关键的事情，而这件事情必须由团队负责人带领团队做决策。

在"快消品销售主管城市开发策略体系"的第二大模块将专门拆解"区域"，也就是"定战场"！目标战场选错了，后面的一切努力都会事倍功半。

二、渠道——每个主攻战场的渠道策略打法

作为科特勒经典营销4P理论中唯一不被厂家主动掌控的一个 "P"（Place），渠道都是充满竞争和不断变化的各路厂家必争之地。对快消品从业者而言，现在的卖货渠道越来越多，并且与消费者的距离越来越近。过去传统的快消品行业业态特性是线性不离散，各品牌扎根各物理售点做深度分销；现在则是越来越分散，各个新老渠道与消费者的触点越来越多，几乎每个触点都有可能成为一个售点。如图2-13所示。

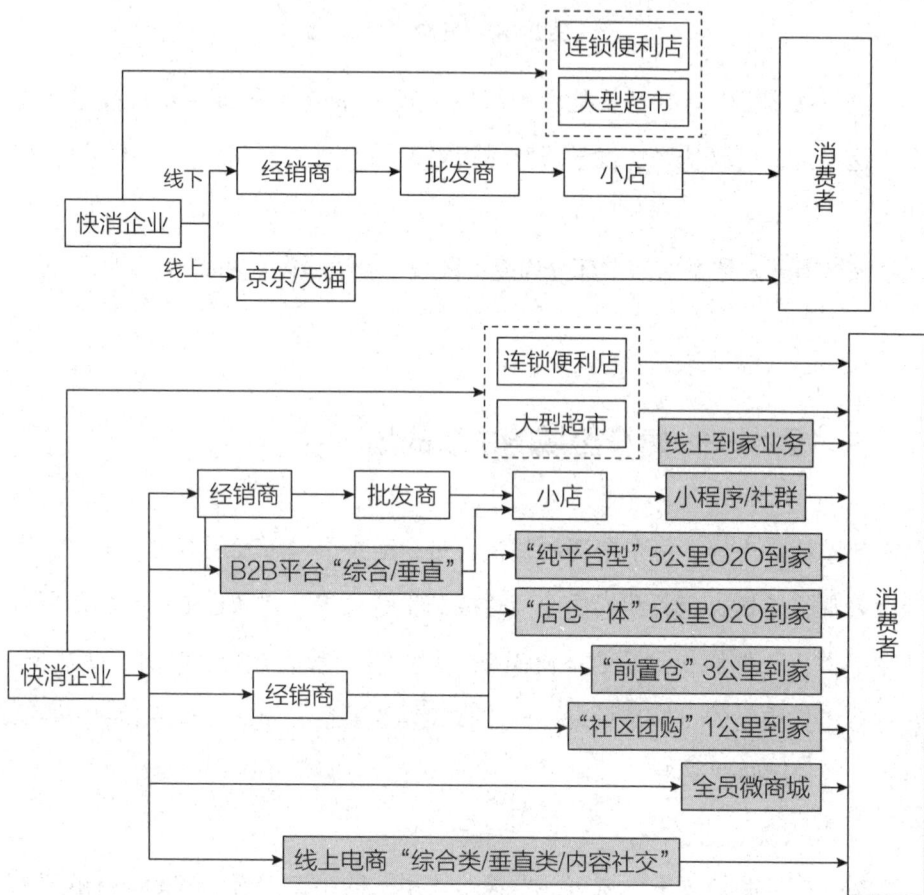

图2-13 卖货渠道

从做业务的销售人的角度来看，从"存量"和"增量"两个分类来理解渠道类型更容易，毕竟我们不是来学习理论知识的，而是来探讨提升实战销售技能的，参考如图2-14。

		直接覆盖	间接覆盖
存量	老场景 老零售	NKC/RKC Hyper+LS 大店 DT Hyper+LS 大店 DT SS 中店（BC场、校超） GK 小店，CVS，COS，专业连锁……	WS 批发市场
增量	新场景 新零售	O2O 到家平台 美团优选等社区团购 尾货折扣店 B2C 前置仓平台 公司团购劳保平台 经销商 EC POP 网店 叮咚买菜等生鲜平台 名创/KKV/SAUFU 等集合店 微商和直播等……	全国 ERTM 平台 本地其他 B2B 平台

图2-14　从"存量"和"增量"两个分类来理解渠道类型

不管区域多大，任何一个目标市场的生意发展都必须基于渠道的生意发展。

区域发展方向决定着渠道的发展方向，所以区域的投资计划必须落实到每个渠道层面上。

由于我国幅员辽阔且城市层级多，渠道的发展阶段大不相同，所以我们在实操中针对一线、二线城市制定的渠道策略要和三四五六线城市策略区别开，身处每一个个体城市市场，每位城市经理的经营体感其实是完全不同的，所需要具备的能力体系也大不相同。如图2-15所示。

超一线和一线城市：由于年轻群体多、主流白领多、目标受众广，快消品行业的新零售渠道往往都是从一线城市开始布局开城的，因此，身处北上广深和一线城市的城市经理责无旁贷地需要快速对接新零售平台。在这些城市中的传统渠道遭受的冲击往往是最最直接，所以，越是一线市场越要配足精兵、配足资源。

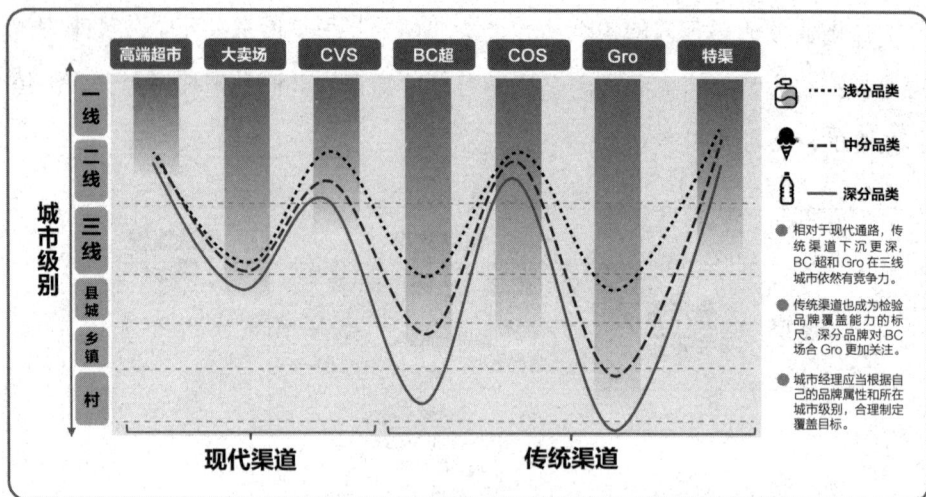

图2-15　渠道策略

二三线城市：相对于一线城市，二三线城市的渠道演变相对较缓，例如，一线城市的很多业态（会员店、互联网生鲜连锁、团购电商平台等）并没有快速渗透到达。这类城市更多是传统核心渠道的延伸性业态（比如，提升小店分销效率的B2B和集合邻里社交的社区团购等），所以，这类城市的主流生意依然是传统零售和流通渠道，当地销售团队只需要多学习一线城市的经验，提前超纲学习就能领先竞品，实现渠道的提前布局，从而建立先发优势。

四五线城市：低线市场其实依然是头部商超大店和深度分销中小店的世界，即使是在高线市场全面覆盖的O2O到家平台在这些低线市场依然很少覆盖，因为这些城市没有近场零售需求的快节奏生活的白领，悠闲的小镇青年们的消费习惯其实并没有很大更迭。对于这些下沉市场唯一渗透成功的就是低价平台性质的社区团购，即使是前几年比较火热的B2B也很难真正下沉到这里，因为平台商无法平衡ROI。相应的，这些市场的零售商也会普遍保守和谨慎，他们会为节省很少的O2O平台费来和新零售抗争到底……眼下这类市场对于城市经理和当地经销商是相对"幸运"的，他们的销售工作和经营体感和往年并没有太大的改变，因为他们只需要把自己的传统武器擦亮磨光，赢得当地的零和竞争就好。

越是高线城市，现代渠道占比更大！渠道组合更加多元化，新兴渠道越多越活跃；越是低线城市，传统渠道占比更大！渠道组合相对简单，新兴渠道越少越活跃。

所以，选择适合我们的目标渠道也是非常重要的策略动作！本书后续章节会逐步展开讲解选择的方法和技巧。这里先抛个引子：

我们对于每个目标渠道的开拓都需要做到三件事：

一是目标渠道体量和规模的测算；

二是目标渠道的发展路径和生命周期；

三是目标渠道生意发展的关键驱动要素。

在"快消品销售主管城市开发策略体系"的第三大模块也将专门解析如何做好"渠道"，也就是"定战壕"！从第二模块的"定战场"到第三模块的"定战壕"，我们将朝着市场的实战和实操部分更进一步。

三、客户——每个重点渠道的重点客户运营计划

渠道是看不见摸不着的概念，客户却是看得见摸得着的实体。

几个或者多个同类型的客户组成了线下各式各样的渠道。比如，批发渠道的大部分客户都在每个城市的综合或专业批发市场，大卖场大超市渠道的客户分布在每个城市的中心和副中心街区，小超市和便利店渠道的客户则是密密麻麻地散布在城市各个街区的角角落落。

有人可能会问经销商不也是客户吗？是不是也是"快消品销售主管城市开发策略体系"中第四模块"定客户"中涉及的对象。不是！这个开发策略体系只涵盖 To C 端的客户，不直接触达最终消费者的经销商不属于这里的

"客户"范畴。

To Consumer 的 C 端客户才是本书重点讲解的内容:

商超渠道的客户相对开放,敞开门做生意,迎百家客;

劳保渠道的客户相对封闭,没有常规门脸,交付履约;

新兴渠道的客户相对多样,新零售近交付,就近提货。

这些实实在在直接服务消费者的客户才是最重要的,对于这些客户的选择、研究、设计和实施将在"快消品销售主管城市开发策略体系"的第四模块中详细阐述。

四、品类——每个重点渠道的重点品类和单品计划

做销售归根到底做的是业绩数字,每个月最后我们要交的是数字,这些数字来源于货。每一瓶、每一支、每一袋、每一包的货,也就是品!这些货品的零售和批发组成了我们的业绩。从一开始的区域到渠道,再分解到客户,最终下钻到最后一个实体——货品!

货品效率决定着货品的周转,而周转则决定着每个厂家的基层销售团队的水平高低!

基于目标渠道的现状和特性,我们大致将货品分为三个策略组合:分别是主攻、副攻和防守!如图2-16所示。

图2-16　基于目标渠道的三大货品策略

主攻货品组合目标是饱和攻击！选择对标竞争对手主力单品的攻击性货品组合，在短期时间内快速抢占客户份额。

副攻货品组合就是第二梯队，选择目前渠道的空白细分，通过持续激进的促销和推广，实现对主攻产品线的补充和储备。

防守货品组合一般主要选择已经步入"产品生命周期"后半段的老爆品和畅销品，希望通过高效率的运营来延缓货品的下跌幅度和退场速度。

对于品类相关方法论的探讨将在"快消品销售主管城市开发策略体系"的第五大模块"定单品"部分详细展开，敬请留意。如图2-17所示。

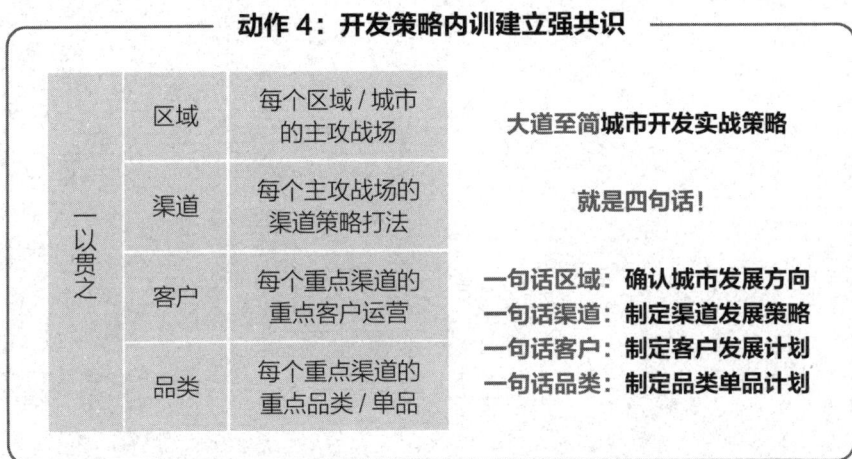

动作4：开发策略内训建立强共识

		大道至简**城市开发实战策略**
区域	每个区域/城市的主攻战场	就是四句话！
渠道	每个主攻战场的渠道策略打法	一句话区域：确认城市发展方向
客户	每个重点渠道的重点客户运营	一句话渠道：制定渠道发展策略 一句话客户：制定客户发展计划
品类	每个重点渠道的重点品类/单品	一句话品类：制定品类单品计划

（一以贯之）

图2-17　开发策略内训建立强共识

"王总，我认为动作4是不是想通过对区域、渠道、客户和品类四个方面有次序的系统性梳理，让团队所有人吃透城市市场开发策略的底层逻辑，方便大家在后续的学习中更高效地领会和吸收？"小王请教。

"没错！一个优秀的团队组织就像一个人，组织的行为必须执行一个大脑的指令，整齐划一才能高效执行，大道至简是为了一以贯之，整个团队持续统一做正确的执行动作，我们才能达成我们的目标！"老王赞许地看着小王回答道。

"谢谢王总的指导，大道至简、一以贯之！"小王的眼神越来越坚定！

至此章节，"快消品销售主管城市开发策略"六大模块的第一模块内容的四个动作告一段落，让我们跟着老王的小结回顾一下这个模块的主要内容锚点。

第一大模块的四个动作可以用一句话概括：

动作1：城市市场年度体检——**一年认真彻底做一次体检！**

动作2：城市生意诊断处方——**基层团队一号位亲自制定！**

动作3：城市经理签署任务——**坚持三月确保计划不夭折！**

动作4：策略内训建强共识——**领会策略底层逻辑强认知！**

第三章

模块2——区域篇（定战场）

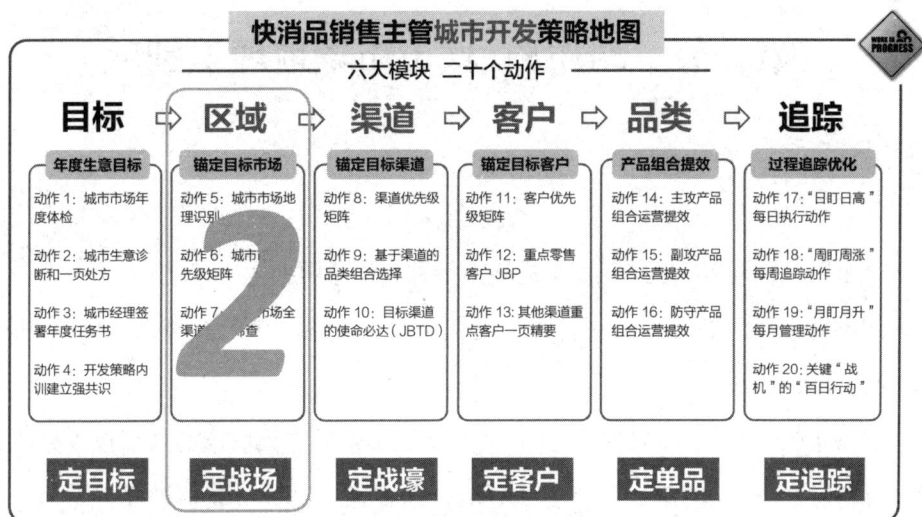

图3-1 定战场

"大道至简，一以贯之。大道至简，一以贯之……"小王显然还沉浸在第一模块的内容中，去吃午饭的路上还在不停地念叨着。

"小王，你的学习态度很好，希望你能够持续保持这种求知状态。学习了'模块1'的4个动作，我们就要进入更加具体的第二模块，定！战！场！"老王一字一顿地强调了最后三个字。

"定战场"就是"模块2"区域篇的中心思想，一旦目标战场选错了，后面的一切努力都会事倍功半！

"定战场"包含3个标准动作，分别是动作5"城市市场地理识别"、动作6"城市市场优先级矩阵"和动作7"重点市场全渠道网点筛查"。

第一节　动作5：城市市场地理识别

"小王，你对AC尼尔森定义的城市级别有概念吗？"

"不好意思，我不太分得清楚，尤其是对于下线城市没有什么感觉。"小王有点紧张……

"很正常，我们周围的很多人，特别是从小生活在大城市的人都很难分清楚城市分级。长期的单一城市生活经历，很难建立对城市级别形成空间上的识别，然而我需要提醒你，**要想成为一名优秀的快消品区域销售经理，必须具备地理层级的识别能力，否则做不好区域和城市市场的销售！**"

老王继续说道："咱们从事的快消品行业是快速消耗和高频流转的行业，我们的生意是由几千、几万，甚至几十万、几百万个物理终端网点来产生和累积出来的，这些网点不仅仅只存在于北上广深，还散布在全中国的各个城市乡村的角角落落，所以，快消品销售人必须去开拓、维护和管理这些网点和终端，因此，你需要到各个层级的城市市场出差，透彻理解城市级别是认知基本功。"

为了方便大家进一步理解，以一个B类市场为例——江苏省盐城市。

假设一下，如果小王日常负责的业务范围是江苏省盐城市，那么他需要管理三个市辖区和六个下辖县（包含一个县级市），而每个县城又包含多个镇、乡、村。这样一个普普通通的B类地级市盐城涵盖了从三线到六线四个层级，包括三线地级市、四线县级市和县、五线的镇和六线的乡。

更进一步，以盐城市所辖的建湖县为例，建湖县全县共辖11个镇和3个街道，每个镇和街道又分别下辖多个居委会，每个居委会是由多个居民小区组成的，这些居民小区里就居住着每家每户的普通老百姓，而这些老百姓正是快消人的衣食父母，他们是购物者、用户、消费者。当然，这里也有你和我，我们都是消费者！

"王总，我作为一个土生土长的本地人对这个城市本来就很熟悉，加上您帮忙做梳理，是很快能够理解的。"

"是的，所以很多快消品销售团队的基层组织一般都用当地人，一方面非常熟悉当地地理环境和市场情况；另一方面他们拥有外地人很难建立的社会关系，而且很多地方方言，外地人很难学会。"

"您说得很有道理，那么，是不是我们做区域销售的都不用外地人？"小王接着问。

"也不会那么绝对，关键看一个厂家的品牌运营能力高低与否。"具有多年实战经验的老王回答起这些问题来总是不紧不慢。

如果品牌拉力弱，在区域市场的渠道生态中处于相对被动地位，这样的销售团队最好多用本地人。因为本地人可以通过多年累积的客情关系克服渠道的壁垒，把货品送到消费者的手中。

如果品牌拉力强，在区域市场的渠道生态中处于相对主动地位，这样的销售团队可以多用外地人。

因为较强的品牌拉力自然减少了当地市场渠道形成的阻力，可以派驻各地优秀人才。

前者更多是本土品牌商，因为没有外资公司天然拥有成熟的优质品牌加持，只能埋头苦干精耕每个渠道，通过尽可能地增加渠道的推力来弥补品牌拉力上的欠缺。

"小王，用本地人还是用外地人并不绝对，快消品区域和城市市场管理其实就遵循四个字——唯贤是举。只要有能力有决心，很多当地方言和本地生活经验上的小小障碍都不是事儿。有时一些市场长期用本地人管理反而会出现不思进取和派系根植等负面问题，尝试用一些年轻有干劲有想法的外地销售反而可以打破既有的平衡，从而打开市场局面。小王，你刚入行很难对这个话题有认知，快消品做的就是分销和动销的生意，理论上覆盖的区域和网点越多，生意增长的可能性就越大。因此，需要大量的销售团队，所以在快消品行业除了销售团队，没有什么东西是真正的护城河。人是最关键的，但人的事也是最难的事，有时候随着生意增长和业务拓展加了很多销售人员，然而加人容易管理他们难！管理难度的增幅是人员规模增幅的平方，甚至是立方！"

小王若有所思："原来每个公司针对每个区域市场的用人需要这么多考量……"

"哎呀，一不小心说跑题了，今天我们是来谈区域市场识别的，顺带谈到区域销售团队上，不好意思，小王。"老王忙着道歉。

小王笑着回应："王总，没关系，其实您的分享非常有助于我加速对于区域市场开拓和销售实战管理的认知和理解，我还巴不得呢！哈哈！"

"通过城市地理识别的辅导，我想接下来当你做市场拜访和检核时心里就会慢慢有底了，城市层级的空间感和层次感就会逐步在你的脑中形成。过不了多久，当你拜访任何一个市场时都将会有清晰的识别和认知。**熟悉当地市场的地理层级不一定能成为快消品区域销售经理，但是快消品区域销售经理必须熟知当地市场的地理识别！**"

老王继续耐心地讲解着："当你对一个市场有了全面的识别和判断后，接下来就要做选择！有没有听过一句英文谚语——Fishing Where Fish Are（要在有鱼的地方钓鱼），不是所有层级的所有市场都要去做，我们要选择最有生意机会的市场、最有潜力的市场和预期回报率最高的市场。那么如何选择呢？让我们进入第6个标准动作——城市市场优先级矩阵。"

第二节　动作6：城市市场优先级矩阵

城市优先级的选择主要来自四个方面：

市场基本面：经济地理、人口分布、市场容量。

生意基本面：竞争强度、渠道现状、网点分布。

网络基本面：分销商基建、渠道结构、客户结构。

团队基本面：主管能力、基层执行力、运营效率。

一、市场基本面的三大考量：经济地理、人口分布和市场容量

（一）经济地理

继续以江苏省盐城市为例，第一个动作"看地图全貌"。把盐城市的地图打开，看看这个城市的地理分布，是南北向还是东西向，形状是狭长还是方正，各个县城距离地级市市区的远近等都是需要衡量的因素。比如，地图中显示响水县距离盐城市市区较远，理论上这个市场的优先度应该降低。比如，通过形状来看整个盐城市是一个竖长形地理，盐城市市区的经销商很难高效率地配送东台、滨海和响水，如果要实现有效覆盖，需要在这些边远县城开设经销商就近覆盖。

看完地理区位后，第二个动作是"查经济数据"，可以百度搜索最新的各

市县GDP排名，看看里面有没有百强县、每个县市的经济体量、县市的经济发展同比涨跌趋势。如表3-1所示。

表3-1　经济数据

排　行	区　域	2022年GDP（亿元）	2022年增速（%）
1	东台市	1050.52	4.7
2	大丰区	816.63	4.6
3	盐都区	714.81	2.6
4	建湖县	710.40	4.9
5	射阳县	709.67	4.1
6	阜宁县	700.17	4.8
7	亭湖区	669.51	6.0
8	滨海县	605.93	4.3
9	响水县	480.55	4.3

第三个动作是"问龙头企业"，现实生活中我们可能没有注意到一个现实，很多县市的经济往往依靠当地的支柱企业，一两个龙头企业的经营状态往往是该城市的经济风向标，也是我们在选择目标城市和设定优先级时需要考虑的因素。这些信息和数据在网上很难查到，需要我们在开发市场时做个有心人，多问多听多思考，多方面打听这些龙头企业的经济效益和发展走势。

请记住"看地图全貌""查经济数据"和"问龙头企业"三个动作，做好就可以快速掌控目标市场的经济地理。

（二）人口分布

对于快消品生意而言，有人就有生意，人口越多越集中，我们的生意机会就越大。然而，当我们考虑人口分布时不仅要查各县市的人口排名，还要注意搜索每个县市区域的净流失人口数字和相关趋势。

（三）市场容量

每个品类在每个区域市场的容量一定是不一样的，如何得到这个市场容量的数据呢？三个方法：一个靠"拍"、一个靠"比"、一个靠"算"！

怎么拍？用本地销售的营业额除以AC尼尔森公布的市场份额，加上30%的计算盲区。

怎么比？如果事先已经得到同等规模和等级市场的生意数据，放一个百分比大致算出。

怎么算？用目标区域市场的人口数（户籍+流动预估）乘以该品类年度消费平均中位值。

二、生意基本面的三大考量：竞争强度、渠道现状、网点分布

（一）竞争强度

我们衡量一个市场值不值得进入并参与竞争的前提是看看这里有多少玩家、有多少大玩家、有没有"不要命"的玩家、他们之间竞争的激烈程度如何。如果竞争强度过大，你带着团队去别人的地盘抢别人的饭碗一定需要承受很大的风险和挑战。

有多少玩家？ 如果一个品类在某一个特定市场有很多品牌在相互竞争，就意味着运营推广的成本会随之升高，前期很难为公司贡献稳定的业绩和利润。

有没有大玩家？ 大玩家是指在某个品类处于显著领先地位的品牌公司，这样的市场好处是先头竞品已经帮你做了当地的消费者教育，你只需要进来进行收割性营销。当然，这个竞品公司如果是非常敏捷的本土狼性企业，你

要做好被反向攻击的心理准备。

有没有"不要命"的玩家？ 有些品类近年来出现了很多背后有雄厚资本支持的网红品牌，他们通过互联网打法在线上拿到了结果后，想通过线下巷战取得进一步的生意扩张。这类竞争对手很有可能"不要命"，因为他们有钱任性，但是生死时速两三年，和这类竞争对手对垒时，不仅消耗很大，还可能遭遇一些非常规的竞争手段。

得到课堂的华杉老师在《讲透孙子兵法》中讲过的一段话很有价值，在我们考量竞争博弈时可以参考——**孙子兵法不是战法，而是不战之法！不是战胜之法，而是不败之法！什么叫不败呢？就是不要追求胜利，而是要追求不败。不要以胜利为目标，要以不败为目标！**

（二）渠道现状

在如今的快消品销售行业里，线上渠道只是放大器，线下渠道依然是命脉！二十多年前，在我们营销人群体里非常热门的一本杂志《销售与市场》曾率先提出"渠道为王"的理念，并影响了那个时期好几代中国快消营销人。这么多年过去了，其实笔者认为**如今2023年的线下市场依然是"渠道为王"的时代！因为渠道是触达消费者的最后一公里，任何品牌商的产品在线下必须通过各式各样的渠道触达消费者，而这些渠道对于厂家销售团队而言就是一个个"关卡"。你和你的团队要做生意、要做增长，必须打通一个又一个的"关卡"，一旦某个"关卡"打不通，这个渠道你就做不了生意。**

因此，衡量一个目标市场的选择优先度必须要看这个市场的主流渠道是哪些，如果主流的渠道依然是传统的商超渠道和依靠客情的封闭劳保渠道，这个市场的渠道结构并不适合新品牌进攻介入。如果一个目标市场里不仅有传统渠道，还有很多新兴渠道，这样相对开放且包容的市场就比较适合新厂家、新团队去攻一攻、打一打！毕竟相比传统渠道靠人、靠关系、靠客情，新兴渠道更加注重公平、效率和投资回报率。

（三）网点分布

网点分布方面的考量，不是让你数每个城市有多少网点、多少终端，而是要查看和分析网点的密集度和饱和度。

为何要看这两个维度？

因为资源总是有限的，团队的时间有限、促销的配额有限、执行的精力有限，这些"有限"意味着我们能够稳定服务的终端网点也是有限的，所以终端网点越分散，我们的工作效率和资源ROI（投入产出比）就越低。

1. 高线城市

除了中心城区，有很多城市副中心，每个副中心的网点密度集中，但是整体来看比较分散，购物者被分流得四分五裂。高线城市由于年轻人多，他们的生活习惯使得更多的门店满足他们的即时需求，因此，单店产出较低，但整体生意总量可观。

2. 中线城市

一般由一个老城区（前主城区）和一个新城区组成。退休的中老年人更多居住在老城区的老式居民楼里，成年成家后离开父母走向独立的年轻人更多选择在新城区的新式高层小区。空闲时间很多的中老年消费群体几乎每天都逛超市，而平时忙于搬砖的年轻一代总是加班忙碌，只会在周末去超市购物和遛娃。这就形成了老城区和新城区的巨大反差，老城区要关注日销而新城区的周末才是关键销售日。如图3-2所示。

图3-2 老城区和新城区的巨大反差

3.低线城市

相比中高线城市市场，这里的消费者购物场所比较集中，往往聚集在本地最大的大卖场或者大超市，而且开业越早的超市越有影响力，先入为主的开店策略往往在低线市场非常奏效，后续跟进的超市往往强龙难压先行者。

刚刚谈到的两个方面——**市场基本面和生意基本面，其实是向外聚焦。**接下来的两个基本面——**网络基本面和团队基本面，更多是向内聚合。**

选择目标市场和设定优先级时，即使在市场基本面和生意基本面两大方面都非常契合，我们也要向内查自身——自己究竟配不配？

三、网络基本面：分销商基建、渠道结构、客户结构

（一）分销商基建

向内检核的第一个方面是分析我们现有的分销商体系，作为销售工作的基础建设，分销商网络质量至关重要。一般而言，分销商网络主要有四种布局——大户型、多代型、深分型、网格型。每个厂家根据品类的不同特性会

选择以上一种或者多种分销商网络构建策略。

大户型：即一家经销商负责整个市场分销和覆盖，沟通效率高，管理链路短，但需厂家深度参与。

多代型：即在一个城市市场中，由多个经销商代理某个品牌，需要多头管理，好处是互补和牵制。

深分型：即将一个城市多层级市场代理经销权分别交由当地经销商负责，容易产生内部互相竞争。

网格型：从多年前流行的邮差网络到现在的网格化布局，以街区为分销半径来构建网格经销网络。

不管你所在的公司生意采用哪种经销商网络基建模式，你在判断一个城市分销商基建质量时，最重要的工作是研究"TOP 3"，也就是你们在这个市场中最大的三个经销商最关键，他们的分销和覆盖质量就意味着你的现状和起点。

通过以下六个标准和相应指标来衡量你的现有经销商，尤其是最大的"TOP 3"三家经销商。如图3-3所示。

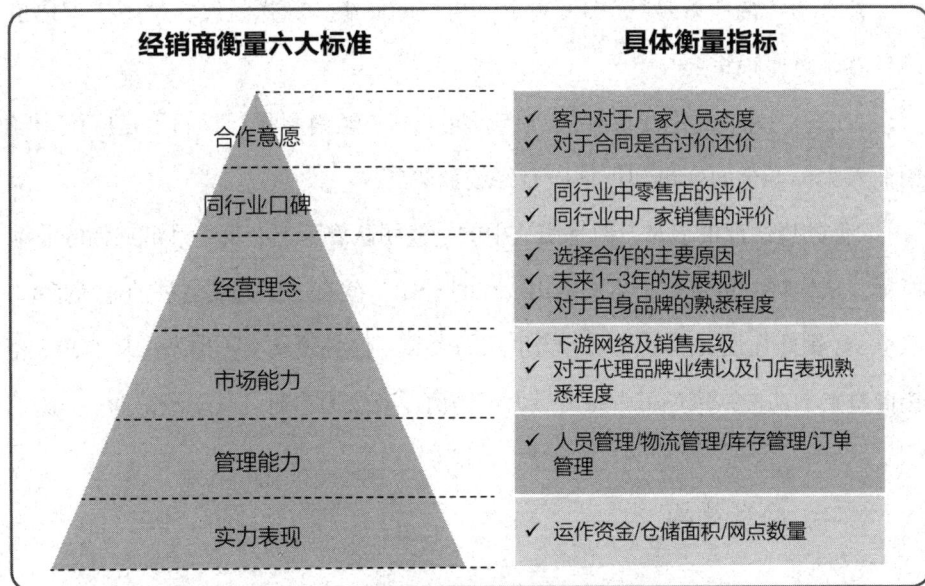

经销商衡量六大标准　　　　**具体衡量指标**

合作意愿
- ✓ 客户对于厂家人员态度
- ✓ 对于合同是否讨价还价

同行业口碑
- ✓ 同行业中零售店的评价
- ✓ 同行业中厂家销售的评价

经营理念
- ✓ 选择合作的主要原因
- ✓ 未来1-3年的发展规划
- ✓ 对于自身品牌的熟悉程度

市场能力
- ✓ 下游网络及销售层级
- ✓ 对于代理品牌业绩以及门店表现熟悉程度

管理能力
- ✓ 人员管理/物流管理/库存管理/订单管理

实力表现
- ✓ 运作资金/仓储面积/网点数量

图3-3　衡量经销商的六个标准和相应指标

从"有条件"做到"有实力"做，从"有实力"做到"有理念"做，从"有理念"做到"有意愿"做。

按照从"硬件"到"软件"的衡量逻辑，遵循六大标准从低到高依次检核和评估。

第一个**"实力表现"**，其实就是亮家底秀肌肉，有没有钱、仓、人和网络。

第二个**"管理能力"**，主要要看整个公司的管理水平，看他们的长板，更要看短板。

第三个**"市场能力"**，前面两个能力都是为市场销售服务的，做终端、做门店的水平是核心。

第四个**"经营理念"**，扒一扒经销商的发展史，他的发家史就是现在的方法论，匹配很关键。

第五个**"行业口碑"**，多打听多留心，同行说的话不一定都是真实情况，但至少可以指出缺点。

第六个**"合作意愿"**，即使看上了再好的姑娘，频送秋波，她不搭理你也是枉然，意愿很重要！

"王总，为什么您建议我们重点研究TOP 3经销商呢？我们不是应该用经销商六大标准全面衡量和评估所有经销商吗？"

"你的想法理论上对，但是实战中的销售团队肩膀上有每个月沉甸甸的业绩指标。从你接手负责一个市场的第一个月开始，就有责任完成当月的业绩指标，TOP 3经销商往往贡献了区域市场生意的大头，你必须从实际出发，从TOP 3经销商身上下功夫，聚焦精力做重点大经销商，有余力再研究其他经销商。"

（二）渠道结构

和前文讲到的渠道现状不同，这里所讲的渠道结构是向内检核的动作，目的是客观地自测我们的渠道结构是否合理。

表3-2列出目前各城市市场主流渠道的生意特点，各位可以根据各个市场的实际渠道占比来对号入座，这样就能非常直观地评估每个目标市场的渠道合理性和适配度。

表格从四个维度来分析，包括进入成本、日常维护成本、竞争强度和后续翻单。

"进入成本"，没有覆盖的都值得覆盖，但是开发这个渠道要用多少成本很重要。

"日常维护成本"是指这个渠道日常维护需要考量人力资源和营销资源的综合成本。

"竞争强度"也很易理解，就是渠道目前的竞争是否激烈，如果已经很卷了，你就悠着点。

"后续翻单"的意思是在这个渠道下了首批订单并分销铺货动作后，后面补单的频次是快还是慢，补单金额是大还是小。一般我们把"补单"动作俗称为"翻单"，渠道终端的翻单频次越高、翻单金额越大，代表这个渠道的效率越高、回报越高。

表3-2　各城市市场主流渠道的生意特点

主流渠道	进入成本	日常维护成本	竞争强度	后续翻单
大店	初期进入成本高	高	高	较快
中超	初期进入成本中	高	中	适中
小店	初期进入成本小	低	中	较慢
便利	初期进入成本高	中	高	适中
批发	初期进入成本小	中	中	较快
特渠	初期进入成本小	中	低	较慢
社团	初期进入成本中	低	高	较快
到家	初期进入成本中	低	高	较快

（三）客户结构

本章探讨的客户都是面向消费者端的终端客户，尤指本地大卖场等客户。和上段分析渠道结构类似，分析自身品牌生意的客户结构是一面真实的"镜子"，能够清晰地呈现每个市场目前客户结构的现状。哪些城市的客户结构不健康，哪些城市的客户占比需要改善，哪些城市的客户类型过于单一，都需要分析并深入思考背后的原因。如表3-3所示。

表3-3　客户结构

客户结构 形态分布	客户 数量	优	劣
头部集中	少	头部零售客户生意稳定性高，且日常管理链条较短，有利于客情的维护和加深，易建立互相依存的厂商关系	一旦头部零售客户遇到资金链吃紧等突发事件，很容易快速造成生意缺口，并且很难弥补
腰部分散	中	卖进难度相比头部客户要低，相对较低的运营维护和客情维护成本，生意整体体量可观	网点较为分散，需要基层销售团队有较强的执行力，管理难度较高
头腰平衡	多	头部客户和腰部客户占比都较高的生意结构在保证生意稳定性的同时，也提供了推新卖高的阵地	需要优秀的当地销售团队来平衡头部客户和中腰部客户的价格冲突和支持程度
网格深分	多	深度分销覆盖面广且深，能够最大化地放大品牌的可见度，很适合刚需高频的水饮休食品类厂商	日常维护和物流成本较高，且运营复杂度较高，整体生意的上升爬坡幅度不高，缺乏短期内爆发的动能

四、团队基本面：主管能力、基层执行力、运营效率

（一）主管能力

火车跑得快全凭车头带！选择一个目标市场是否能够纳入公司来年的重

点支持清单，除了市场客观因素和外部客户质量，销售团队质量也需要非常客观的评估。

"兵熊熊一个，将熊熊一窝！"对于快消品销售这个人员密集型行业，这句老话显得更加重要。笔者管理过全国大多数省份的多个城市市场，发现了一个现象，就是同样的产品、同样的客户、同样的执行团队，只要换一个销售主管，这个城市的生意就会塌方。

因为快消品基层业务代表和分销商销售人员（一般称作DSR，即Distributor Sales Representative）普遍的教育程度有限且工作主动性较差，对这个层级人员的日常管理必须令行禁止和严厉严格。"你在前面干，我在后面看！你在前面做，我在后面盯"，都是基层销售主管主任的日常真实写照，基层主管必须要严、要盯、要死盯，否则下面的执行团队就是散兵游勇和一盘散沙。

这样的现状要求基层主管必须拥有管理能力，不仅是管理生意的运营能力，更要有管理团队的强推力。

强调一遍：主管的能力高低决定着基层团队的执行力质量高低，城市主管或者办事处主任必须要业务能力过关和作风过硬。

（二）基层执行力

讲完基层销售主管（或称为办事处主任）在销售末梢作战组织的重要性，我们还要顺带检核一下他们所管辖的团队执行力，通过"三看"系列动作来检验。

一看终端表现：终端的表现就是执行力的水平放大镜，随机查看不要预设路线的检核最能反映团队基层执行力的原生态。

二看过程指标：为了达成指标，少部分基层销售往往爱走捷径做业绩。过程指标的检核和分析可以客观地反映日常执行的颗粒度和健康度。

三看响应速度：最简单的方法就是看大家反馈作业的速度，如果连配额和促销反馈都拖拖拉拉的个人和团队是很难指望他们在前端门店的执行力的，连自己每月报销都拖延的销售人员就更要注意了，毕竟个人核销速度也能够侧面反映他们的做事效率。

（三）运营效率

通过"三查"系列动作快速检核内部团队的运营效率。

查一级和二级数据匹配：如果一级销售出库数据（Primary Sales）和二级社会销售数据（Secondary Sales）存在较大差异，要仔细厘清原因，因为基层销售的运营效率必须基于真实性和可持续性。

查客户对账和核销进度：不管是零售商还是经销商，或是新兴渠道的平台商，每个商家的对账、核销和台账是基层客户管理的基本功和重要工作，这类来不得半点误差的工作最能反映一个团队的工作效率高低。

查仓库存货和货龄健康：仓库库存数据可以反映问题，但是实地检核仓库是极其必要的！因为我们工作中遇到很多经销商其实并没有规律的周期性盘库动作，即使勉强能做到每年一次大盘，也会产生很多库存问题，而这些库存管理问题直接会连带产生一系列的相关货龄问题，导致黄货和黑货风险的上升。

"小王，当帮你详细梳理完四个基本面之后，你是否对在目标区域如何评估每个城市的发展潜力、成长确定性和相关适配度有了全面的理解。如果要进一步利用好基本面的分析工具，建议通过四个基本面给该区域市场的每一个城市市场打分，如此会做到更加心中有数，我继续用江苏省盐城市来举例子，让我们一起为盐城市下辖分支的每个县市市场来打分吧！"老王讲完一大段话后，喝了口茶继续说道。如表3-4所示。

表3-4 打分表

维度	四个方面	衡量角度	分值	东台市	盐都区	滨海县	亭湖区	阜宁县	射阳县	大丰区	建湖县	响水县
向外	市场基本面	经济地理	10	10	9	6	7	8	8	9	9	6
		人口分布	10	10	9	9	8	8	7	7	6	6
		市场容量	Remark：作为下一步优先级矩阵的两大轴，市场容量和竞争强度将重点被衡量评估，不放在"四大基本面"细节打分中，除了这两个角度，其他10项分别打分后合计总分100分										
	生意基本面	竞争强度										
		渠道现状	10	8	8	6	5	7	9	8	8	6
		网络分布	10	9	8	6	7	8	9	7	7	7
向内	网络基本面	分销商基建	10	9	6	6	7	8	8	9	9	5
		渠道结构	10	7	8	9	8	8	6	7	7	7
		客户结构	10	9	8	8	7	7	6	9	9	9
	团队基本面	主管能力	10	8	7	8	9	9	8	7	9	6
		基层执行力	10	7	6	8	9	9	8	6	9	6
		运营效率	10	7	6	7	8	9	7	6	8	7
		总分		84	75	73	75	81	76	75	83	66

"小王，刚刚有没有注意打分表的细节，四大基本面共计12个衡量角度标准中有两个没有纳入计分，因为接下来我们将会把这两个关键衡量角度单独摘出来制作成一张城市选择优先级矩阵。"老王想考考小王。

"我注意到了，是市场容量和竞争强度！"小王胸有成竹地回答道。

"没错！请见图3-4的矩阵图，市场容量就是图中的城市容量，竞争强度用更加直观的公司份额来代替，通过这两个轴的大小高低来划分四个象限！"

市场容量大且公司占有的当地市场份额高，将归为强化市场；

市场容量大但公司占有的当地市场份额低，将归为进攻市场；

市场容量小但公司占有的当地市场份额高，将归为防守市场；

市场容量小且公司占有当地市场份额也低，将归为选择市场。

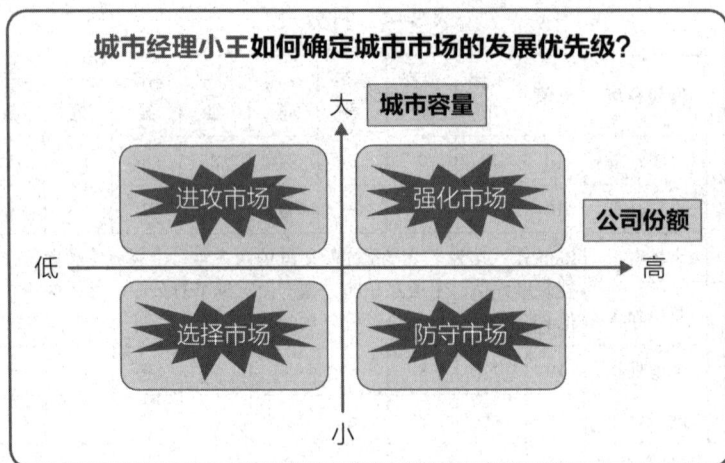

图3-4 矩阵图

接着就是下一个动作，就是将例子中盐城市下辖的9个行政区划（包含1个县级市、县和市辖区）连带各自已经累计的城市积分一起依次在四大象限里落位。如图3-5所示。

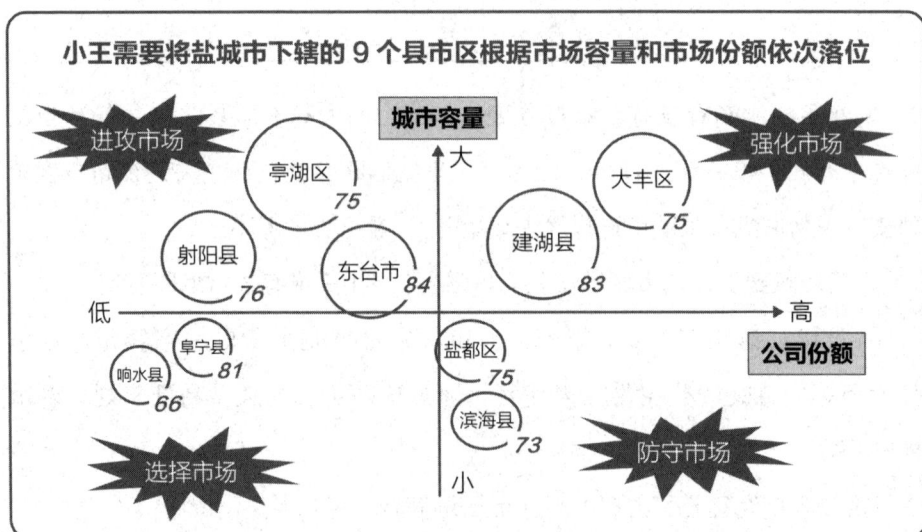

图3-5 在四大象限里落位

按照图例所示，我们将在强化市场的两个市场中选择积分更多的建湖县（83分）列为该象限的第一优先发展市场，大丰区由于75分列为第二发展市场。

而在进攻市场，尽管亭湖区的市场容量更大，但是东台市的综合得分更高，因此东台市（84分）就将优先于射阳县和亭湖区成为盐城区域"进攻市场"象限的第一发展重心市场。

防守市场和选择市场依次类推，分别是盐都区优先于滨海县，阜宁县优先于响水县。

"小王，通过这个工具的演练，是不是对于如何设定城市发展优先级更加有感觉了？"

"非常清晰！感谢王总的分享！"

"不用谢，接下来我们趁热打铁，教你如何在已经识别出来的高优先级市场做网点普查，现在，我们直接开始学习第7个标准动作！"老王显然看出了小王对于学习新知识的渴望，孺子可教。

第三节 动作7：重点市场全渠道网点筛查

"确定好城市的优先级之后，我们就要做好网点的筛查，类似于人口普查的拉网式网点普查。当把该城市的足量网点筛查清楚之后，就能厘清和分析出来这个城市的渠道结构。一般的筛查方式如图3-6所示，先找门店，再分任务，最后排线路。"

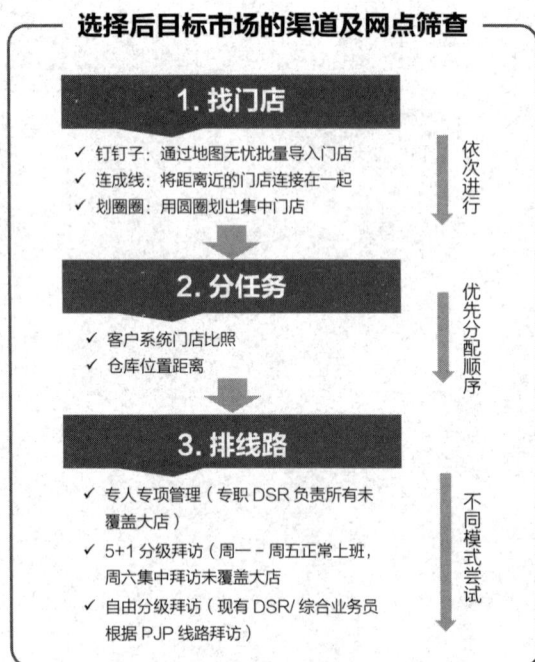

选择后目标市场的渠道及网点筛查

1. 找门店
- ✓ 钉钉子：通过地图无忧批量导入门店
- ✓ 连成线：将距离近的门店连接在一起
- ✓ 划圈圈：用圆圈划出集中门店

依次进行

2. 分任务
- ✓ 客户系统门店比照
- ✓ 仓库位置距离

优先分配顺序

3. 排线路
- ✓ 专人专项管理（专职DSR负责所有未覆盖大店）
- ✓ 5+1分级拜访（周一－周五正常上班，周六集中拜访未覆盖大店）
- ✓ 自由分级拜访（现有DSR/综合业务员根据PJP线路拜访）

不同模式尝试

图3-6 渠道及网点筛查

"然而通过上节的学习，我们已经了解到每个城市市场所处的市场背景和策略选择是不一样的。比如强化市场和进攻市场就会有区别，而防守市场和选择市场的网点筛查方法也一定不类似。所以，除了常规的筛查三步法，我们还要根据不同的市场经营策略做不一样的终端网点普查工作。"老王说完，顺手拿了一支笔在大白板上演示起来。如表3-5所示。

表3-5 网点筛查

策略分类		网点筛查工作重点
强化市场	深度普查	在一个体量较大的重点市场拥有较高的市场份额的前提下，需要深入筛查全渠道的网点，特别是新兴渠道和以往相对薄弱的渠道，需要进一步花精力挖掘潜力
进攻市场	定点挖掘	作为某个品类在目标市场处于品类生态的跟随者，如果要实现超越，必须要在领头羊的优势渠道进行定点攻击，所以在网点筛查的工作安排中，需要特别关注竞品强势渠道的网点挖潜、定点挖潜、精准挖潜
防守市场	拾漏补缺	防守市场策略一般用于市场小但是份额高的品牌，在自己的优势市场如何实现进一步的增长，需要在终端网点普查中注意补漏，把日常工作中忽略的一些网点通过集中拉网式排查补充完善
选择市场	抓大放小	采用选择市场策略的区域市场往往长期处于低关注状态，由于缺乏足够的资源，整体生意结构中缺乏突出的爆点渠道。在网点筛查中需要注意抓重点，特别是大超市、大卖场等重点渠道需要全面筛查，毕竟在这类市场，即使拉网式筛查，工作中投入的人力、物力也是有限的，一定要抓大放小，不能走形式、走过场

"小王，网点筛查也叫终端普查，很多公司常规都在做，甚至每年都会做一遍，但是很多时候都是筛查不彻底、执行走过场。网点筛查工作建议要么不做，要做就要彻底。"

"快消品销售主管城市开发策略"六大模块的第二模块关于区域"定战场"的相关三个动作阐述到此，让我们跟着老王的本模块总结来回顾一下这个模块的主要内容知识点。如图3-7所示。

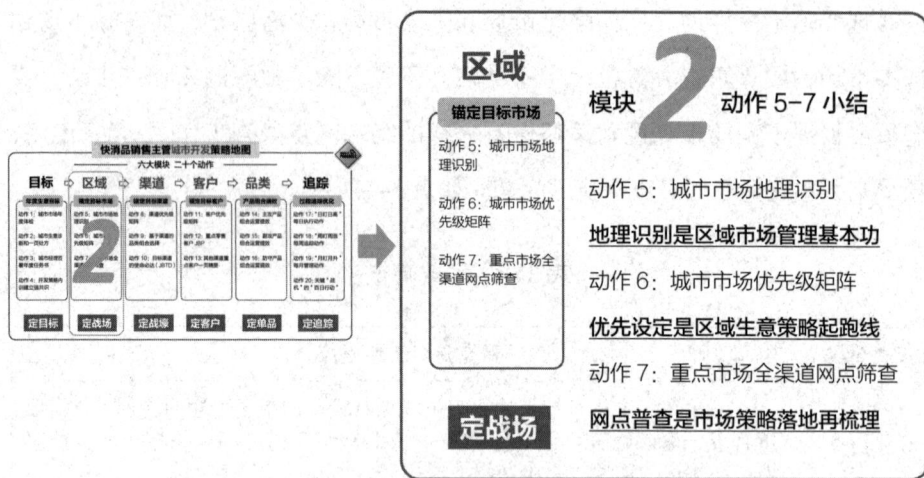

图3-7 定战场的主要内容知识点

第二大模块的3个动作同样可以用一句话来记牢：

动作5：城市市场地理识别——**地理识别是区域市场管理基本功**！

动作6：城市的优先级矩阵——**优先设定是区域生意策略起跑器**！

动作7：重点市场网点筛查——**网点普查时市场策略落地再梳理**！

第四章

模块3——渠道篇（定战壕）

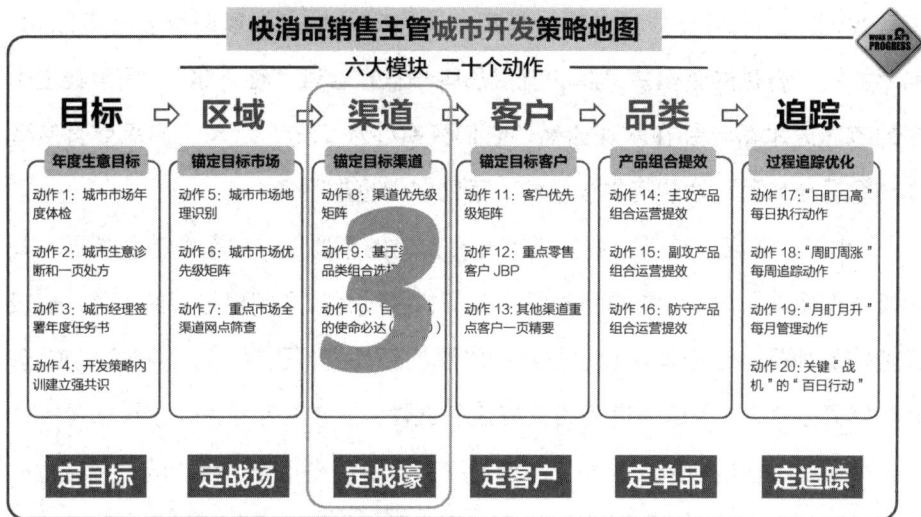

快消品销售主管城市开发策略地图

六大模块 二十个动作

目标	⇨	区域	⇨	渠道	⇨	客户	⇨	品类	⇨	追踪
年度生意目标		锚定目标市场		锚定目标渠道		锚定目标客户		产品组合提效		过程追踪优化
动作1：城市市场年度体检		动作5：城市市场地理识别		动作8：渠道优先级矩阵		动作11：客户优先级矩阵		动作14：主攻产品组合运营提效		动作17："日盯日高"每日执行动作
动作2：城市生意诊断和一页处方		动作6：城市市场优先级组合矩阵		动作9：基于品类组合选址		动作12：重点零售客户JBP		动作15：副攻产品组合运营提效		动作18："周盯周涨"每周追踪动作
动作3：城市经理签署年度任务书		动作7：重点全渠道网点筛查		动作10：目的使命必达		动作13：其他渠道重点客户一页精要		动作16：防守产品组合运营提效		动作19："月盯月升"每月管理动作
动作4：开发策略内训建立强共识										动作20：关键"战机"的"百日行动"
定目标		定战场		定战壕		定客户		定单品		定追踪

图4-1　定战壕

完成动作7"重点市场全渠道网点筛查"的目的是"筛"和"查"，把所有的目标网点筛出来，把符合要求的有效终端查出来。当网点被筛查出来，我们就能通过网点合并同类项来统计和分析渠道结构。网点和终端构成了一个又一个不同类型的渠道，所以"动作7"不仅仅在筛查网点，更在筛查渠道。

"王总，您在前文第二模块里面提到过渠道，说当下快消品行业的线下市场依然是渠道为王时代，这跟我平时在微信公众号看的很多文章观点不太一样。他们都在说渠道已经被淡化了，现在是流量为王的时代。正好现在讲到渠道的模块，想听听您的观点分析。"小王不太有底气地问道。

"很好的问题，的确，现在整个行业最火热的话题是线上渠道和新零售渠道，两者都是互联网技术和资本推动的广义渠道，所以流量论非常普遍。然而，当下线下渠道生意和线上是完全不同的（如果有兴趣可以详细参阅本书书后附件文章2《为什么传统线下经销商很少能做好电商？》），**每一个城市的**

地理区隔为线下生意形成了天然的护城河，而城中的条条的沟渠和水道就如同渠道，这些渠道看上去是流动的生意，但是实质上是一个又一个关卡！"

如果我们前线区域经理和城市经理带领的团队和经销商无法打通这些关卡，我们的生意就会寸步难行！其实，这些年从线上发家的很多"淘品牌"和"抖快"孵化的新国货品牌和流量品牌一直在尝试"往下走"，因为线上生意的流量成本每年都在水涨船高，它们只有往线下走，从单一空军变身空军加陆军混合战团，才能可持续发展，否则它们也走不远……

"小王，考虑到渠道对我们城市开发策略的重要性，这个章节我拓展一些篇幅跟你聊透。抛开我们是负责线下业务的区域经理和销售主管的角色，**假设我们的品牌是一个准备从线上往线下发展的新品牌，面对一个目标区域市场，我们需要从 0 到 1 搭建渠道网络，应该怎么做？**"老王有意识地放慢语速，谈到这个假设，他的目的是让小王不要被既有渠道历史生意包袱影响，想通过一个从零开始的渠道建设思路来打通小王的"专业化渠道观"的任督二脉！

"王总，您的意思是让我在选定的高优先级目标市场中设计一套渠道选择和构建策略，是吗？把自己当作一个没有任何线下渠道经验的线上品牌老板，并且把目标市场当作一个全新的市场，从 0 到 1 搭建渠道策略组合？"小王的眼神里已经开始释放兴奋的光，心底暗暗佩服王总打破常规的辅导思维……

"没错！**要知道在你认知和资源都相对有限的开始阶段，你首先需要对所有的渠道心存敬畏！同时，要懂得只有不做一些渠道，才能做好一些渠道！在渠道开拓这件事情上，选择真的比努力更重要！好的开始一定是成功的一半！'挑'准渠道就是我们渠道开拓最重要的一件事！**"

渠道优先度矩阵的落地动作其实就是"挑"渠道，作为"快消品销售主管城市开发策略体系"第三大模块渠道"定战壕"的第一个动作，"动作 8"将用较大篇幅重点和大家探讨如何"挑"准渠道。

第一节　动作8：渠道优先度矩阵

"小王，'选择大于努力'这句话你一定经常听到，尽管这句话眼下被网络上贩卖焦虑的卖课型博主们玩坏了，但是我依然要说，**在刚从零到一开始'挑'渠道时，真的是选择大于努力！不怕你不努力，就怕你选错路！**"

老王接着叮嘱："学习完模块2的'城市优先度矩阵'是选择'在哪里打仗'，而本模块的'渠道优先度矩阵'是进一步蹲在哪几个战壕里去'打胜仗''打大胜仗'！"

渠道优先度选择，也就是如何"挑"准渠道？首先需要进行两个方面的思考：

第一，放在当下市场环境，市场可供选择的渠道有哪些？

第二，针对不同生意阶段，常见渠道开拓的打法有哪些？

一、放在当下市场环境，市场可供选择的渠道有哪些

首先，我要陈述一个事实，目前市场上可以选择的渠道非常多，近几年在互联网技术不断升级和资本市场对新消费持续投资的大背景下，渠道的种类和数量随着新零售渠道的异军突起而呈现快速且无规则的井喷式发展。

这么多渠道值得我们全部做一遍吗？

当然不是！要选择对我们品牌生意最有效的渠道，并确定优先进入的第

一个目标渠道。

线下最有效的渠道大致可以分为两种：**大众主流渠道和小众支流渠道。**

大众主流渠道主要是大多数消费者常规且高频选择的渠道，比如大卖场大店、烟杂小店、近场到家或社区团购等，由于这些渠道距离大众的日常消费场景很近，常常被定位为大众主流渠道。这类渠道一般人流高、曝光强，但是竞争激烈，可期待的投资回报率相对较低。

小众支流渠道一般是指渠道开放度较低、客流量较少的小众消费场景，比如药妆连锁、劳保团购渠道等。**不管是大众主流还是小众渠道，建议你在目标市场第一个重点发动的渠道是我们产品所属品类最容易获客的渠道，也就是真正距离你目标消费者最近的渠道，而不一定是手头上生意占比最大的渠道。**

举个例子，你现在服务的公司是一家休闲零食品牌，当你在设计第一优先市场的渠道优先级时，发现你们公司生意最大贡献者来自当地的大卖场渠道。然而，你意识到当下最火热且最能产量的渠道是"好想来"（如图4-2所示）为代表的专业零食连锁，这个渠道业态就是当下最受目标消费者追捧和消费的渠道，因此，你的渠道优先级应该从目前占比最高大卖场渠道转向蓬勃发展的专业零食渠道。谨记！不能只看历史数据，而是要看哪个渠道离我们的目标消费者最近！

图4-2　好想来

记住！如同打德州扑克，不是为了成牌而是为了赢钱，咱们做渠道不是为了做渠道这个动作，而是为了拓展公司的生意，最终目的是为公司挣钱。

目前线下主流有八个渠道——大卖场（大超市）、BC场（中型超市）、连锁便利店、社区小店（烟杂店）、批发、社区团购、特殊渠道（福利劳保）和近场到家（包含前置仓），我们在渠道建设初期只要做好其中的几个渠道，甚至只是做好其中的一个渠道，都能让目标市场实现实质性突破。

"王总，我看一些文章说，现在每个市场的渠道已经非常多元化了，好像不止这八个渠道。比如京东京喜通这样的ERTM、母婴店连锁、校园连锁渠道、会员店渠道及硬折扣连锁店等。"小王忍不住说出疑问。

"你说的没错，由于之前一段时间资本热钱对于大快消市场的看好，**市场上的确涌现了非常多的新渠道，然而很多新渠道发展时间较短，渠道基础比较脆弱，在追求股东投资回报率最大化的压力推动下，很多渠道来得快去得也快。这个现象用四个字来概括就是——'涨跌同源'，或者叫'盈亏同源'！**就拿你刚刚提到的ERTM渠道，在2018-2020年发展特别迅猛。不管是头部阿里零售通和京东新通路，还是腰部等区域ERTM B2B平台，都在那几年快速发展、跑马圈地，**各大快消品厂家（尤其是以往分销覆盖工作相对较弱的品牌商）借助ERTM B2B平台迅速拿到了很多'快业绩'**，着实和这些平台商一起过了几年风风光光的好日子。然而，当这些平台的盈利能力出现问题之后，短时间的断崖式滑落和下跌直接把这些曾经的'快业绩'给跌没了，导致ERTM占比大的品牌商这两年苦不堪言，这就是成也'快渠道'跌也'快渠道'。'涨跌同源'就是这个道理。"老王说完顿了顿，若有所思。

"我们这个城市当年就是阿里零售通的重点市场，巅峰的时候每个月仅阿里零售通一个平台的业绩就有一百多万元，后来由于亏损严重，团队裁撤，直接导致每月一百多万元的生意归零，被影响的那一年现在想起来也是心头一紧呢……所以，小王！我在这里为什么只谈到八个主流渠道，就是希望你从一开始入行就要清晰地知道快消品销售工作往往**'快就是慢''慢就是快'**，主流渠道看上去发展较慢、变化少，但正是这样的成熟和稳定才让它们成为主流！任何短期快速能够拉升生意业绩的渠道需要更加谨慎和小心，因为我们这个行业是种瓜得瓜、种豆得豆的'强因果'行业，除了脚踏实地没有任何捷径！"老王语重心长地说。

"所以，踏踏实实在八个主流渠道里面挑选吧，里面也包括一些新渠道。比如社区团购，这个渠道已经被市场多年的实践验证完毕了，不管是生意底层逻辑，还是长期盈利模型都是可以长期经营和发展的，加油！"老王补充道。

为了方便大家实战应用，笔者在这里使用了和"城市市场优先级矩阵"工具类似的逻辑思路，将从"渠道占比"（指该渠道占据本地市场的生意占比）和"公司份额"（即本公司在这个渠道所占的份额）两大数轴来讲和大家日常工作息息相关的渠道，**八个主流渠道分成四个象限——强化渠道象限、进攻渠道象限、防守渠道象限和选择渠道象限。**如图4-3所示。

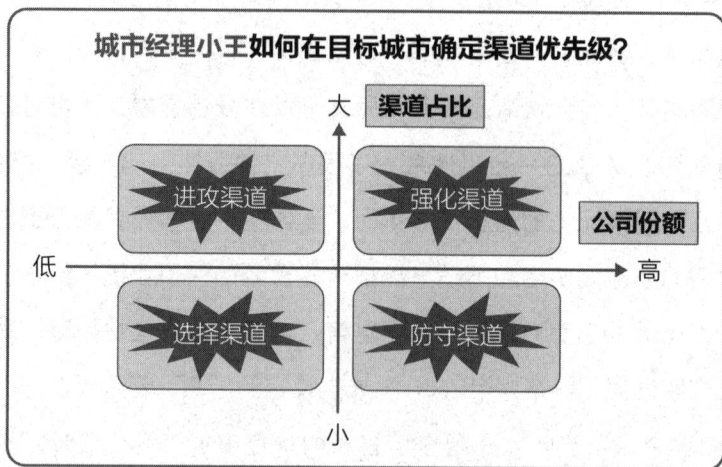

图4-3　渠道优先级

顺着前文盐城市的案例，从案例中城市主管通过"城市优先级矩阵"工具的推演和综合打分，已经确定了建湖县作为强化市场的第一优先城市，接下来我们将通过"渠道优先级矩阵"工具进一步推演和识别渠道的发展优先级。如图4-4所示。

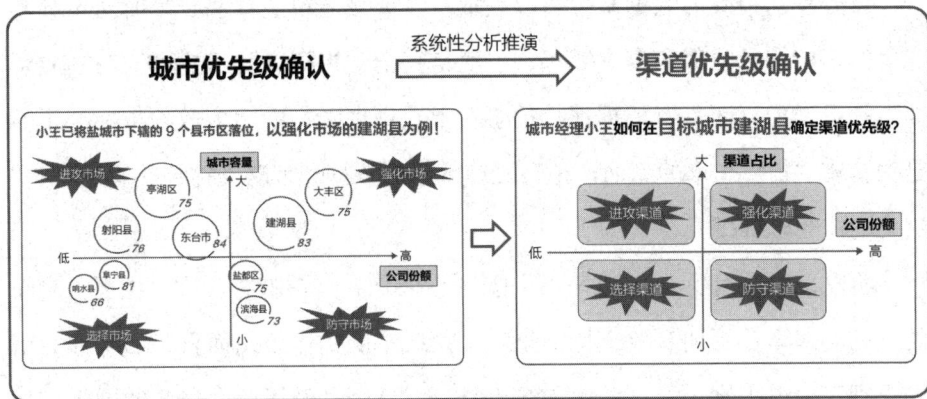

图4-4 渠道的发展优先级

通过对高优先级市场建湖县的分析发现，该城市的生意主要来自7个渠道，通过渠道占比的大小和公司份额的大小，我们进一步将7个渠道依次落到"渠道优先级矩阵"工具的四个象限中，如图4-5所示。

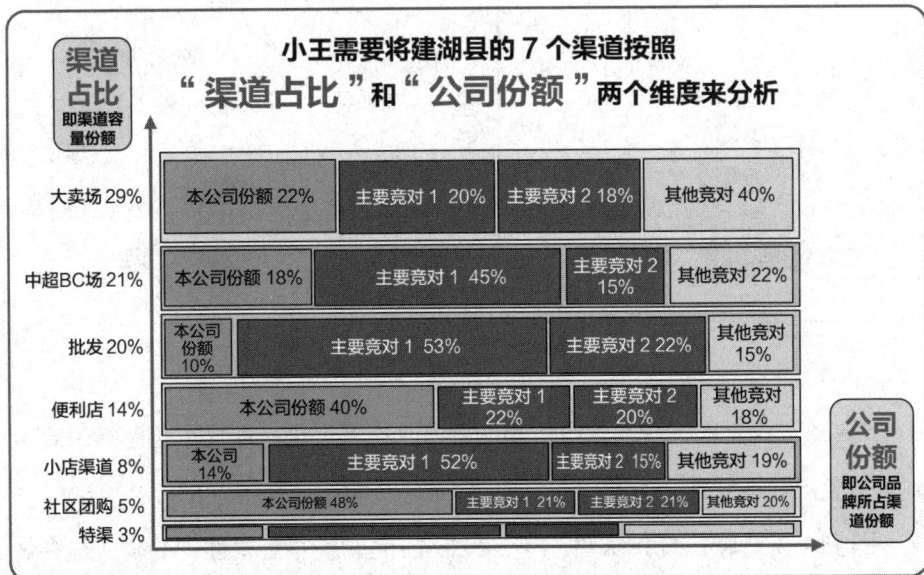

图4-5 渠道优先级矩阵

如何获取和得到这些"渠道占比"和"公司份额"的数据呢？

没有特别精确的数据来源可以获取，主要靠城市主管基于平时对市场和竞争对手的信息收集和集中测算，也就是突击"拍脑袋"。这里的"拍脑袋"并不是贬义词，而是有依据地拍！事实上，销售工作中大多数的指标哪个不是拍脑袋"拍"出来的，而"拍"之前的数据依据和策略支撑往往决定"拍"这个动作的质量高低。

所以，不要迟疑，做起来比原地等待强百倍，"拍脑袋"比消耗更多时间的"完美演算"更加有效，特别是对于前线基层销售组织而言，如果你的市场识别和渠道识别用好这些优先级工具，就已经秒杀了至少90%的同行。如图4-6所示。

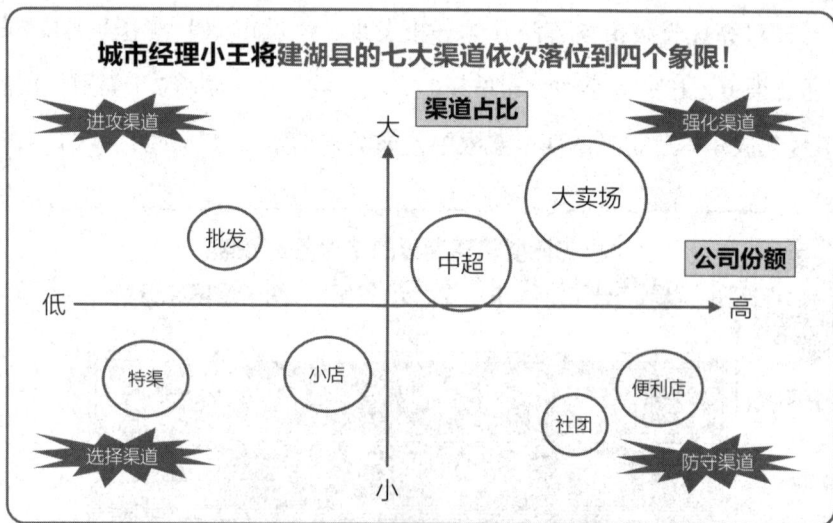

图4-6　将渠道定位到四个象限

"王总，我觉得把所在城市市场的七八个主要渠道根据这个矩阵指引定位到四个象限并不复杂，关键对于我而言，'怎么做'才是重点！"

听到小王清晰的自我认知，老王很是欣慰："你很有悟性，的确，很多做渠道成功的案例往往不是来自完美的策略与计划，而是来自一开始的别无选择和说干就干，更多选择反而成了一种阻力。对于你这样一个初出茅庐的新人而言，教你策略不如教你动作，接下来我会手把手教你如何开拓一个新渠道，或者面对一个一直没有做起来的'老大难'渠道，我们该如何从头做一遍，直到突破为止！"

好！说干就干，那么前期开发拓展一个新渠道都会做到哪些事呢？

前期的事情大致可以分为三个阶段：**前期调研、前期谈判和前期铺货**。

前期调研要做的主要事情包括渠道现状、渠道趋势、主要竞品情况、组织配备、贸易条款、资金占用、销量预测、毛利预估、投资回报率测算及其他各类需求摸排。

前期谈判的工作非常重要，又细分为谈判前、谈判中和谈判后。如表4-1所示。

表4-1　前期谈判的注意事项

开拓渠道时，前期谈判的注意事项	
谈判前	产品相关资质证书的准备、关键人预约、专属卖进方案的制定（文案、视频、价格单等）、样品展示、谈判策略准备、潜在异议的应对话术准备
谈判中	合作方式、销量目标（是否保底）、毛利要求、结账方式、物流补贴、损耗归责和核算、店庆等大促费用、常规海报、陈列费用和其他各类服务费用等
谈判后	表达感谢、本轮谈判会议纪要、关键异议处理和跟进、下一次谈判时间预约、下次谈判前的新需求资料和信息整理等

由于开拓前期，渠道客户对于新品牌、新产品不熟悉，除非有很好的关联客情做背书或者客户急于启动，一次谈判往往无法成功签约，多次谈判是很正常的，你要有这方面的心理准备，一次不成两次，两次不成三次，不成功不罢休！

前期铺货是开发线下主流渠道的第三阶段，基于第二阶段的谈判成功，紧跟着就是你的业务人员要和渠道客户采购确认好一张订单，从系统下单到拣货配送，从物流送达到卸货上架、从上架陈列到价签打印、从陈列位置到助销物料，每一件事都要做到精准到位。

二、针对不同生意阶段，常见渠道开拓的打法有哪些

上一章节和大家一起了解了可供选择的八大主流渠道，大家也知道我们不可能一口气把八个渠道都做了，而是要根据自身的生意发展阶段和现状选择性进入。

将划分到四个渠道策略象限里的八个主流渠道融入以下三种打法，分别是**阵地战、攻坚战和游击战**。

什么是阵地战？阵地战是挖战壕、布置阵地作战，互相攻守。一般适合大型攻击作战。

什么是攻坚战？攻坚战更多相对于进攻一方来说，如攻克几个重点要塞或者战略要地。

什么是游击战？游击战就是打不过就跑，找打得过的战场打仗，用较小代价占领阵地。

表4-2　渠道开拓的打法

开拓打法	选择数量	资金投入	好的方面	不利之处
A阵地战	5个以上	大	渠道组合增加成功率并分摊前期成本	渠道的多样性拉高前期管理难度
B攻坚战	3~5个	中	相对于阵地战投入的成本适中	需要比较专业的团队，当地招人难
C游击战	1~2个	小	投入的资源较少，渠道尝试进出自如	因成功概率低，你和团队很容易放弃

（一）阵地战

A阵地战——你所在公司毛利高、不差钱，笃定要长期发展目标市场，你和团队可以选择涉及多个渠道的阵地战。

阵地战，怎么打？

四个动作教给你——抠产品、快上架、找翻单、强宣传。

动作一：抠产品！

多渠道甚至全渠道进入，对你的产品卖点打磨要更重视！抠出一个最独特的产品卖点是阵地战的关键。因为要进所有的渠道，你的产品卖点不必也没有时间做每个渠道的匹配，死"抠"一个卖点就好，就是几个字或者一句话，确认了就重复朗读一百遍！

动作二：快上架！

根据最独特的产品卖点来确定主打品项，也就是确定单个或几个爆品作为前期铺市的核心产品线，把这个产品线最快速铺市上架！在此提醒大家，不管是新零售APP上的虚拟货架还是大中型商超的物理货架，首次铺货上架的陈列要尽可能大而醒目！

动作三：找翻单！

渠道的首单货物都铺下去了，就要赶紧观察哪些渠道的翻单快，也就是二次补单的表现。如果某个渠道一周之内就已经出现补单或者二次补单，说明你的产品很适合这个渠道，因为只有更多的动销才能确保更多的翻单，流转频率越高，翻单频率就越快，这个渠道就越有价值。

动作四：强宣传！

阵地战是多渠道同时推进，在铺货上架后的一个月之后，建议开始投放广告来拉动各个渠道的动销速度，从而进一步推动各渠道的翻单补单速度。然而要提醒的是，有多少钱办多少事，做宣传打广告必须量入为出。

这种打法比较适合已经具备了一定消费者品牌认知的高毛利品牌和新品，比较高的毛利有助于线下开拓的高举高打和多点开花，这就是所谓的"阵地战"打法！

（二）攻坚战

B攻坚战——公司要求你和你的团队逐步投入目标市场，用步步为营的渠

道渗透方式来切入，建议可以选择少量几个渠道的攻坚战战术。

攻坚战，怎么打？

四个动作教给你——先对比、再算账、准卖进、强复盘。

动作一：先对比！

要稳步切入，就需要对众多目标渠道做全面对比。

要做正确这个对比动作，其实考虑四个因素就好，分别是进入成本、开发用时、竞争强度和后续翻单（指首单之后的补货订单）。如表4-3所示。

表4-3　目标渠道的全面对比

主流渠道	进入成本	开发用时	竞争强度	后续翻单
大店	初期进入成本高	2~3月	高	较快
中超	初期进入成本中	1~2月	中	适中
小店	初期进入成本小	1~4周	中	较慢
便利	初期进入成本高	2~3月	高	适中
批发	初期进入成本小	1~2周	中	较快
特渠	初期进入成本小	2~3月	低	较慢
社团	初期进入成本中	1~2周	高	较快
到家	初期进入成本中	1~2周	高	较快

动作二：再算账！

然后就是算账，拿到每个目标渠道的贸易条款来算细账！——测算每个渠道贸易条款和合作方式的详细点位、费率和扣费。测算中对应的销售额建议做保守、中位和激进三个版本，这样更能做到心里有数。

动作三：准卖进！

确定好几个目标渠道之后，就是每次卖进的精准三步骤——卖进前准备谈判策略和话术、卖进中执行谈判动作并争取尽早合作、卖进后快速回顾整理出下一次卖进计划。具体的话术和细节动作将在后续的课程中教给大家。

动作四：强复盘！

卖进只是一级销售，真正卖出才是二级销售（也叫社会销售）。因此，卖进之后要主动定期拜访采购和门店负责人，通过前期高频次的巡店和生意复盘来解决日常运营中遇到的细节问题。前期建议拜访采购至少两周一次，拜访重点门店至少一周一次。

（三）游击战

C游击战——当公司的资源非常有限，抱着尝试的心态来做市场，尤其是开发一些选择型市场，可以选择一个目标渠道打游击战。

游击战，怎么打？

四个动作教给你——找对人、谈合作、慎首单、促流转。

动作一：找对人！

由于采购的年龄结构不同，老采购居多的线下渠道比线上平台更注重人情和关系。"找对人"不仅要求找的人是关键人，更重要的是你和这个关键人要有较好的关系，至少是能够通过第三方疏通出来关系。如果你在卖进谈判前连采购的微信都加不上就不要浪费时间了，找下一个渠道客户或者转向其他渠道。

动作二：谈合作！

一般新进入一个渠道，初次谈判的贸易条款对新商家都不会很友好，这就需要你非常谨慎仔细地拆解每一个条款的详细内容，特别要注意规避明显对你不利的条款，比如"产品过多少有效期后必须百分百退货"等，一定要多多请教资深销售和同行教你如何避坑，少走弯路。

动作三：慎首单！

首单要谨慎！你没有听错，第一笔订单一定要谨慎下单！哪怕渠道客户给你下了很大的订单，你千万不要贪，必须主动申请减少首单订单量。因为新商家新产品的销量在客户系统里没有历史数据，你的第一次订单就很重要，一个原则——"能保守就不要激进，首单只下七成饱"！

动作四：促流转！

动作四是动作三的连续动作。如果首单较小，你的第一次补单就会很快实现，渠道和客户就会产生这个产品很好卖的认知和感觉，如果这样的感觉再重复几次，你在这个渠道和客户的销售就不用愁了。其实，采购前期看一个新商户、新产品好卖不好卖，关键看流转的速度，流转越快就越有信心，越有信心就越有订单，源源不断就会走向良性循环。

这种打法适合中小品牌快消品厂家，他们也知道每个渠道生意机会都客观存在，但是他们要么投入资金不多，要么能够调拨的团队人力有限，他们希望通过一个一个渠道的单个尝试来扫雷和避坑。当一个渠道有所突破，后续就快速跟进，一旦在既定时间内没有达到预期就立即抽离出来尝试下一个渠道。

"小王，说到这里，我已经详细地将渠道开拓动作给你分解完毕了，希望你能够吃透并运用到今后的渠道运营工作中。"老王说完了这满满一大段干货，赶忙喝口茶水润润嗓子。

"王总，太详细了！这样的内容太适合我这种刚做销售的'小白'啦！"小王越听越兴奋，赶忙回答道。

第二节　动作9：基于渠道的品类组合选择

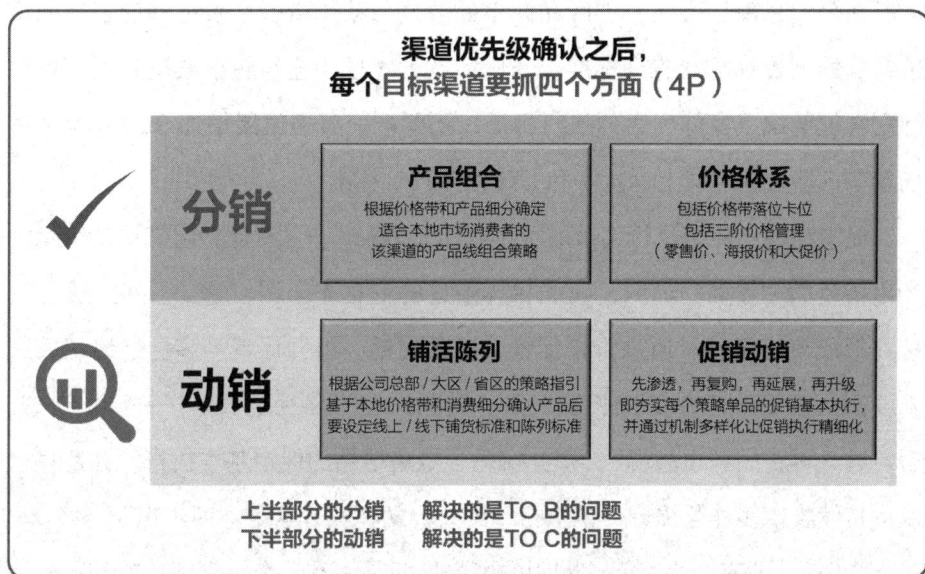

图4-7　渠道的分销和动销

"小王，渠道优先级确认之后，我们就要开始从快消品生意最根源、最基础的两个基本点思考切入——'分销'和'动销'。"短暂的茶歇后，老王开始带领小王进入渠道的分销和动销，做好分销和动销两个基本面，目前渠道的生意增长就会水到渠成。如图4-7所示。

分销由产品组合和价格体系组成。

动销由铺活陈列和促销动销构成。

由"分销"和"动销"延展开来的四个方面工作分别是：

产品组合： 产品是起初消费者需求的起点，也是最终生意成交的重点，作为全价值链路里最重要的生意载体，产品组合的设计是渠道生意成败的胜负手。我们需要根据目标渠道价格带和产品细分来确定产品组合策略。

价格体系： 为了将我们的产品策略最高效率地释放和产出，价格带的落位和卡位就是"加速器"和"放大镜"，做好"三阶"价格执行和管理，包括日常零售价、定期海报价和大促地板价。

铺活陈列： 基于本地市场价格带和功效细分确定的产品组合策略，并根据所在公司总部、大区、省区和办事处的执行动作指引，来精确设定目标渠道终端的铺货标准和陈列标准。当然涉及大卖场和连锁超市渠道时，不仅要制定常规的线下实体门店的执行标准，还要顺应渠道发展增加O2O到家等近场新零售涉及的"线上铺货"和"线上陈列"标准。

促销动销： 促销执行突破的关键在于"养品"，只有建立起来可持续稳定产出销量的"爆品"梯队，我们目标渠道的生意才会从"量变"到"质变"，从而形成渠道突破。通过价格促销、赠品促销、组合促销等多样性促销方式来实现更多策略单品的成长和成熟。遵循的指引路径建议是——"先渗透、后复购、再扩品、再高端"，即夯实每个策略单品的促销基本执行，并通过机制的持续丰富多样化提升促销执行精细化，从而实现这个"四步走"路径。

"王总，我有个小疑问，刚刚的资料里面是否有一个错别字，就是'铺活陈列'是不是应该是'铺货陈列'？"看得出小王学习得很认真。

"小王，你看得很仔细，非常好！只是这个'活'字并没有写错。以往我们的固有认知都是'铺货'，其实现实中很多销售团队为了'铺'而铺货，只关注铺货的动作，但是很少关注铺货的后续动销，往往把这个工作做跑偏，从而造成了'死铺货'现象和'铺死货'症结，这有很大的副作用，给今后的日常销售工作带来很多低效率困扰和遗留问题。所以，这里我们特别把之前的'铺货'改成了'铺活'，目的就是希望提醒大家铺货是为了动销，所以，基层团队从铺货的源头选品就要做到尽可能地精准到位！"如图4-8

所示。

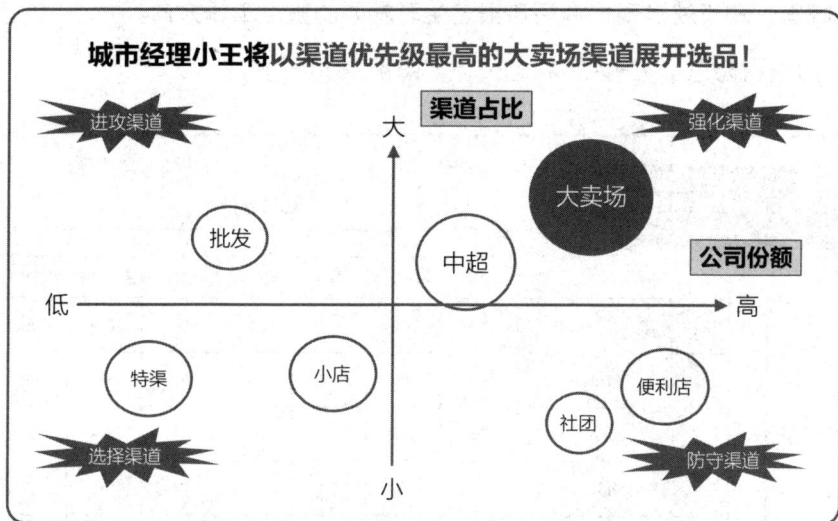

图4-8 选品

"分销的产品选择其实决定了生意的走势，针对已经确定好的优先目标渠道，我们需要深入的数据挖掘，这是做好分销工作的开始动作！"

"继续之前的案例，假设作为盐城市的城市销售主管，你已经在盐城市建湖县这个优先市场找到了优先级最高的两个渠道：一个是大卖场渠道，另一个是BC场中型超市渠道。通过综合考虑和衡量，你决定先从渠道占比和公司份额双高的大卖场渠道入手。第一件事你先要弄清楚大卖场渠道的品类生意组成结构。"老王手把手、一步步地引导着。

"小王，假设你所在的公司是一个国内洗发水品牌，以案例中已经识别出来的最高优先级的大卖场渠道为例，通过对这个渠道所有客户洗发水品类数据的整理和分析，将得到图4-9的品类生意结构图像。"

"将建湖县大卖场渠道洗发水品类的整体生意设定为100%，从价格带和功效细分两个维度来拆解生意组成。通过数据不难发现大众和高端的价格带是这个渠道的前两大消费价格区间，而控油、丰盈蓬松、柔顺和去头屑是该渠道消费者的前四大需求细分，**通过两个维度的交叉并把超过5%及以上生意**

贡献的细分类目找出来，这样我们就能清晰地识别出这个渠道的主要品类细分在哪里，哪里就是我们今后该渠道生意发展的重点工作方向！"老王的语速越来越快，显然已经进入了状态……如图4-10所示。

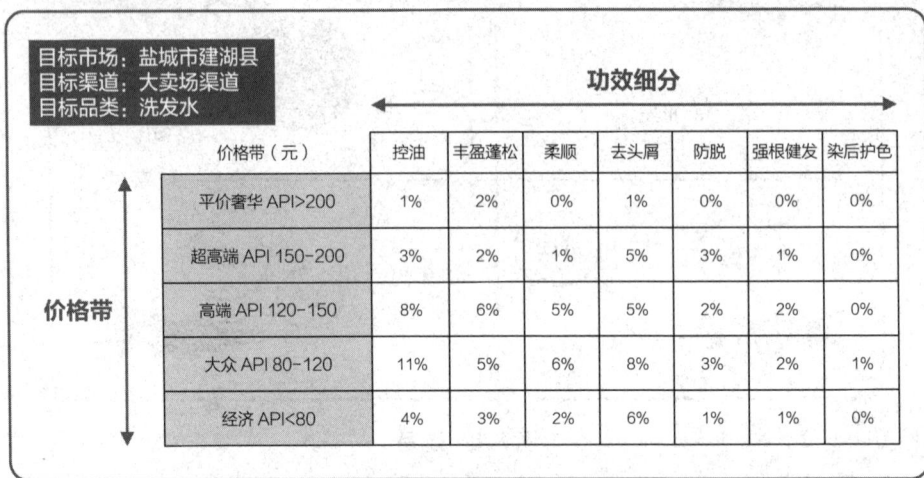

目标市场：盐城市建湖县 目标渠道：大卖场渠道 目标品类：洗发水		功效细分						
价格带（元）		控油	丰盈蓬松	柔顺	去头屑	防脱	强根健发	染后护色
价格带	平价奢华 API>200	1%	2%	0%	1%	0%	0%	0%
	超高端 API 150-200	3%	2%	1%	5%	3%	1%	0%
	高端 API 120-150	8%	6%	5%	5%	2%	2%	0%
	大众 API 80-120	11%	5%	6%	8%	3%	2%	1%
	经济 API<80	4%	3%	2%	6%	1%	1%	0%

图4-9　品类生意结构图像

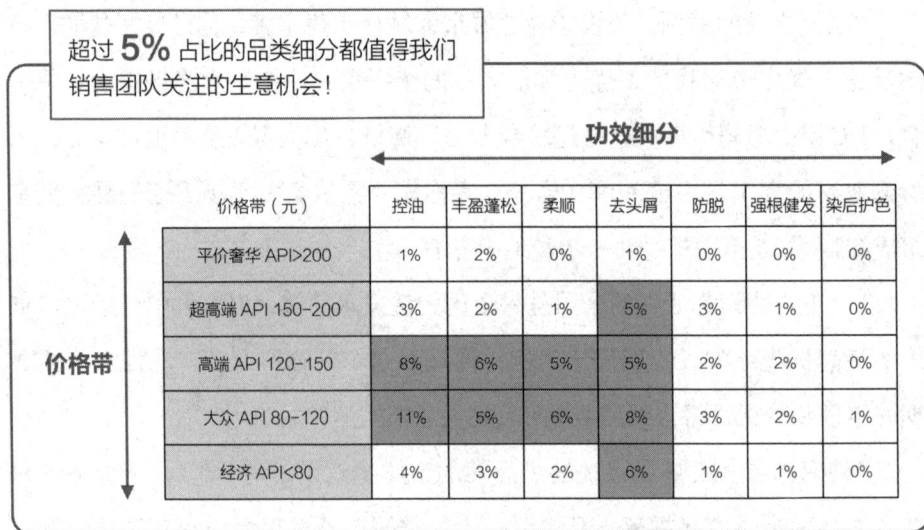

超过 **5%** 占比的品类细分都值得我们销售团队关注的生意机会！

		功效细分						
价格带（元）		控油	丰盈蓬松	柔顺	去头屑	防脱	强根健发	染后护色
价格带	平价奢华 API>200	1%	2%	0%	1%	0%	0%	0%
	超高端 API 150-200	3%	2%	1%	5%	3%	1%	0%
	高端 API 120-150	8%	6%	5%	5%	2%	2%	0%
	大众 API 80-120	11%	5%	6%	8%	3%	2%	1%
	经济 API<80	4%	3%	2%	6%	1%	1%	0%

图4-10　从价格带和功效细分两个维度来拆解生意组成

"王总，超过5%生意占比的洗发水细分类目一共有10个，这10个又同时涉及四个价格带和四个功效带，我想如果同时聚焦10个工作重点，那不就没有重点了吗？"小王疑惑地问道。

"小王，你提到的疑虑很好，接下来我们需要把这10个品类细分再进行归类，分别是**主攻、副攻和防守三个战术类型**！"

"主攻"战术类型：根据该品类细分的价格带和功效带来设定符合这个细分的产品组合，而这个产品组合尽可能是公司的主打核心品、畅销品，由此作为该渠道的主攻产品组合。

"副攻"战术类型：同上，依然是依照品类细分的价格带和功效带来匹配对应的产品组合。这个产品组合往往挑选公司畅销品的不同规格和价格带延展，同时挑选部分"梯队爆品"产品放进来。作为"主攻"战术的第二攻击产品线，"副攻"产品组合对日常渠道竞争是一个强有力的补充。

"防守"战术类型：多是为已经处于或者即将进入产品生命周期后半程的"老爆品"设计的针对性战术，这些产品占据的品类细分生意体量依然较大，尽管增长乏力，但是短时间内无法迅速取代和填补，通过"防守"战术的产品组合，我们可以为"主攻"和"副攻"产品组合的孵化和爬坡提供时间和空间的过渡性支撑。

"小王，主攻策略对应的产品组合必须要选择生意占比比较高的品类细分，优势资源必须用到相对最重要、最大体量的战场。有时候，你会发现部分目前占比不是前三前四的品类细分，但是增速趋势非常快且确定性高，这样的品类细分也可以放在主攻策略的产品组合中。"如图4-11所示。

"之后是副攻策略的产品组合确认，我们继续根据自身品牌所处的竞争状态和产品线特点来做选择。"如图4-12所示。

"案例中超过5%生意占比的10个品类细分已经有7个被划归到主攻产品组合和副攻产品组合之后，最后将要把剩下的3个细分归类到防守策略对应的产品组合中。"如图4-13所示。

根据市场竞争和公司产品特点，将控油高端（占大盘8%）、控油大众（占大盘11%）和去头屑大众（占大盘8%）三个品类细分确定为建湖县**大卖场渠道**洗发水品类的**主攻产品组合**

价格带（元）	控油	丰盈蓬松	柔顺	去头屑	防脱	强根健发	染后护色
平价奢华 API>200	1%	2%	0%	1%	0%	0%	0%
超高端 API 150-200	3%	2%	1%	5%	3%	1%	0%
高端 API 120-150	主攻	6%	5%	5%	2%	2%	0%
大众 API 80-120	主攻	5%	6%	主攻	3%	2%	1%
经济 API<80	4%	3%	2%	6%	1%	1%	0%

功效细分

价格带

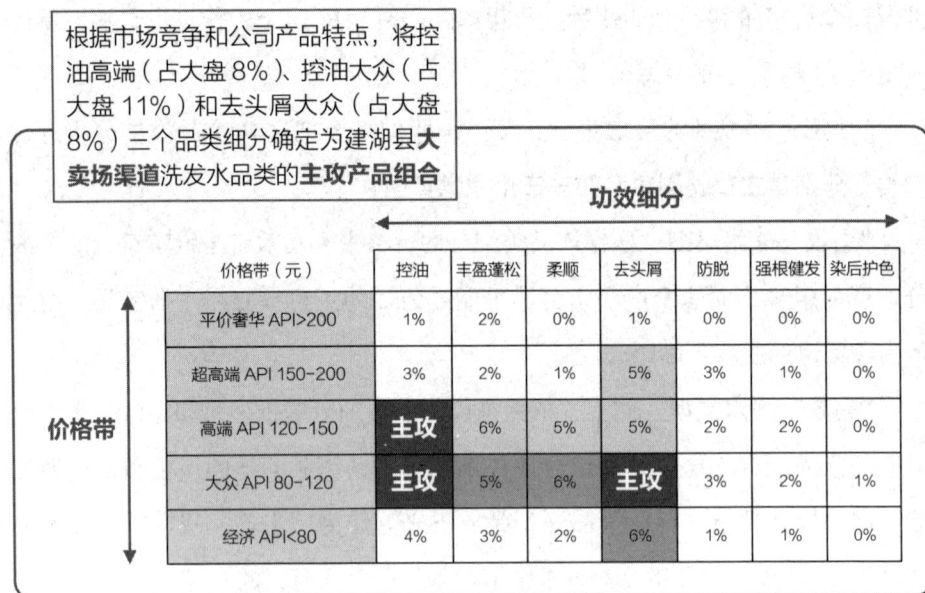

图4-11　主攻产品组合

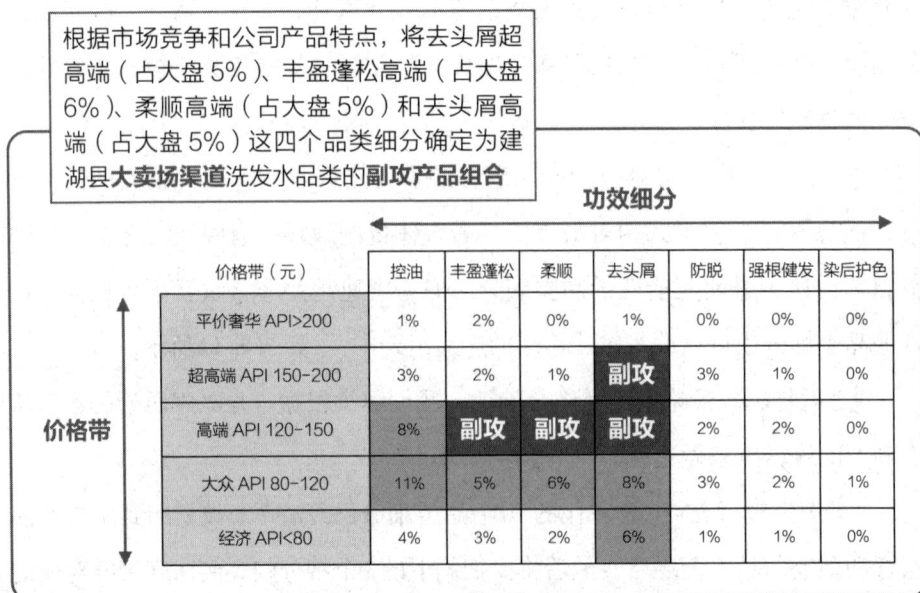

根据市场竞争和公司产品特点，将去头屑超高端（占大盘5%）、丰盈蓬松高端（占大盘6%）、柔顺高端（占大盘5%）和去头屑高端（占大盘5%）这四个品类细分确定为建湖县**大卖场渠道**洗发水品类的**副攻产品组合**

价格带（元）	控油	丰盈蓬松	柔顺	去头屑	防脱	强根健发	染后护色
平价奢华 API>200	1%	2%	0%	1%	0%	0%	0%
超高端 API 150-200	3%	2%	1%	副攻	3%	1%	0%
高端 API 120-150	8%	副攻	副攻	副攻	2%	2%	0%
大众 API 80-120	11%	5%	6%	8%	3%	2%	1%
经济 API<80	4%	3%	2%	6%	1%	1%	0%

功效细分

价格带

图4-12　副攻产品组合

根据市场竞争和公司产品特点，将丰盈蓬松大
众（占大盘 5%）、柔顺大众（占大盘 5%）和
去头屑经济（占大盘 6%）三个品类细分确定为
建湖县**大卖场渠道**洗发水品类的**防守产品组合**

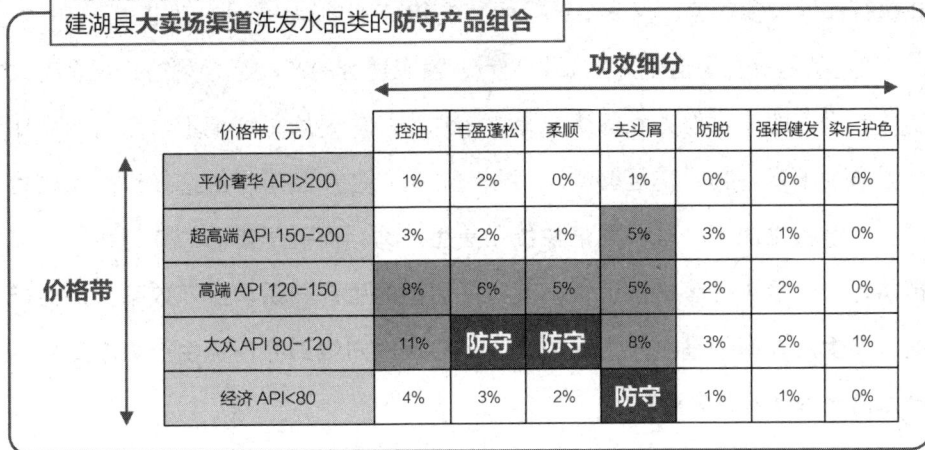

功效细分

价格带（元）	控油	丰盈蓬松	柔顺	去头屑	防脱	强根健发	染后护色
平价奢华 API>200	1%	2%	0%	1%	0%	0%	0%
超高端 API 150-200	3%	2%	1%	5%	3%	1%	0%
高端 API 120-150	8%	6%	5%	5%	2%	2%	0%
大众 API 80-120	11%	防守	防守	8%	3%	2%	1%
经济 API<80	4%	3%	2%	防守	1%	1%	0%

价格带

图4-13　防守产品组合

"通过这三个动作分解，相信你已经了解和掌握这个工具了。更直观一
点，我们三个策略放在一张图上，将会一目了然！"如图4-14所示。

超过 **5%** 占比的品类细分都是值得我们销售团队
关注的生意机会！把这 10 个超过 5% 生意贡献的
品类细分进一步分类到三个战术，分别是——
❶ 代表的主攻产品组合
❷ 代表的副攻产品组合
❸ 代表的防守产品组合

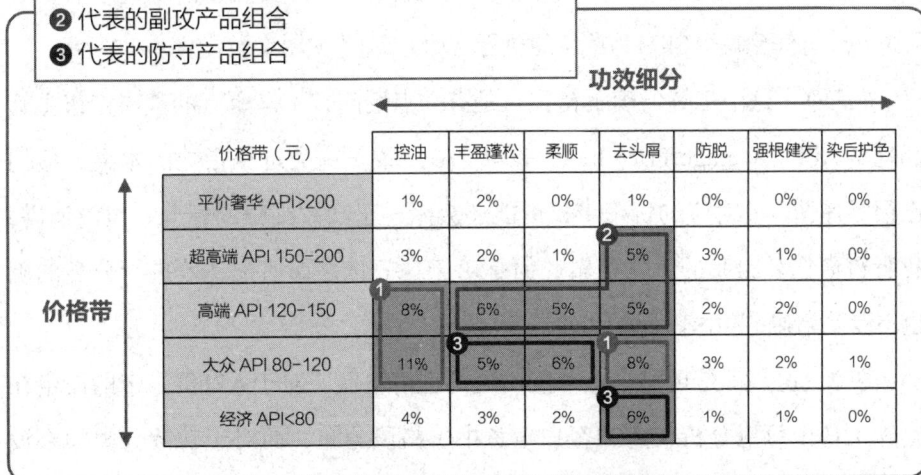

功效细分

价格带（元）	控油	丰盈蓬松	柔顺	去头屑	防脱	强根健发	染后护色
平价奢华 API>200	1%	2%	0%	1%	0%	0%	0%
超高端 API 150-200	3%	2%	1%	❷ 5%	3%	1%	0%
高端 API 120-150	❶ 8%	6%	5%	5%	2%	2%	0%
大众 API 80-120	11%	❸ 5%	6%	❶ 8%	3%	2%	1%
经济 API<80	4%	3%	2%	❸ 6%	1%	1%	0%

价格带

图4-14　三个策略产品组合

"谢谢王总，这张图一目了然，非常清晰地呈现了当地销售团队在大卖场渠道下一步的产品策略方向。原来做销售工作不仅仅是执行那么简单，还要在执行前做很多功课，仅一个选择产品组合就有这么多学问和工具。"

"选品是所有渠道生意发展的起点，没有适合的产品组合策略，很多时候团队和自己即使再努力和加班也是事倍功半！你要始终牢记不管今后运作什么渠道的生意，必须花足够的时间和精力去思考产品组合的选择！**选品成功了，生意就成功了一半！要记住货品是生产力！而基于货品的陈列执行、促销执行、价格执行等日常运营，其实是后续的生产关系和生产效率。而生产关系和生产效率都是生产力的放大，核心逻辑归根到底还是生产力本身！生产力自己本身就有力量！**"

"王总，当我们确定好产品组合后，是不是就要结合价格体系的执行来做好分销工作？"

"正是如此！基于目标渠道的主攻、副攻和防守组合要配合价格体系的日常执行来完成分销动作。价格体系听上去好像和我们日常工作距离挺远，却渗透在每天的完美执行之中！**对于日常价格体系的执行注意好三个动作就可以了——执行好日常零售价、及时切换和恢复海报价和谨慎精准执行大促价（也叫地板价）。**不管是主攻、副攻还是防守，产品组合结合价格体系甄选出来的产品组合，都需要进一步分解到每个SKU为单位的执行行动方案。"如图4-15至图4-17所示。

"王总，这个工具的确不错，只是有一点疑问，不是所有的基层销售主管都理解API（Average Price Index 平均价格指数）这类价格指数的术语，他们也很难厘清API对应的价格带，可能还会困惑于功效细分的标准。坦白地讲，我听得懂您教给我的工具逻辑，但是对于功效带是如何把功效进行分类的确也不是很清晰。"小王不懂就问。

"嗯，这些都是现实中有可能出现的理解盲区。对于API价格带的设定在实际工作中可以分析渠道和客户生意中价格段分布，而对于功效分类如果没有感觉，可以通过自己公司的分类来做标准，毕竟我也知道我们广大基层销售人员并没有市场部同事的相关专业背景，功效细分的确需要因地制宜，怎么好用怎么来。下面我举一个纸巾公司的案例，更接地气地跟你讲讲如何在实战中运用品类细分的工具。"老王非常耐心地解答着。

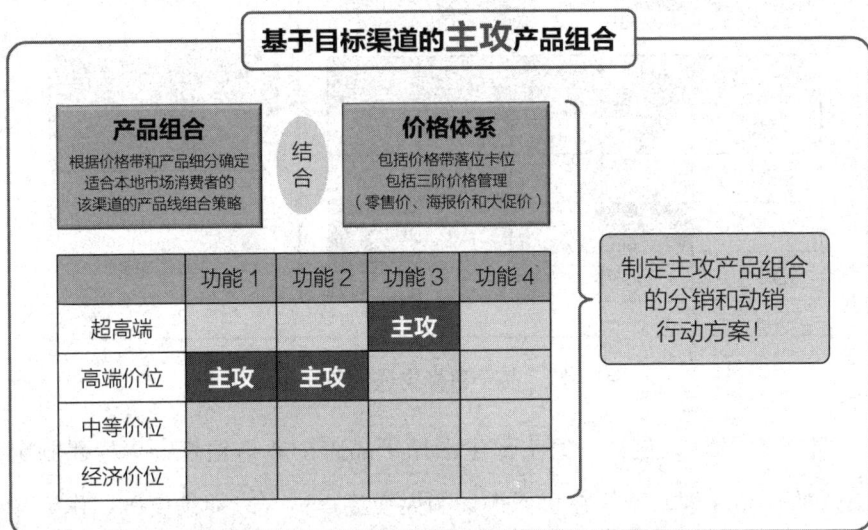

基于目标渠道的主攻产品组合

产品组合 根据价格带和产品细分确定 适合本地市场消费者的 该渠道的产品线组合策略	结合	价格体系 包括价格带落位卡位 包括三阶价格管理 （零售价、海报价和大促价）

	功能1	功能2	功能3	功能4
超高端			主攻	
高端价位	主攻	主攻		
中等价位				
经济价位				

制定主攻产品组合的分销和动销行动方案！

图4-15 基于目标渠道的主攻组合

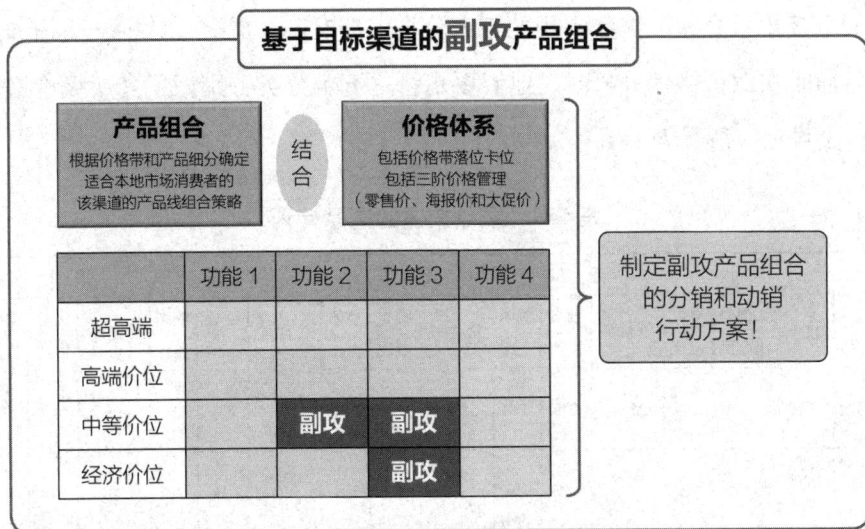

基于目标渠道的副攻产品组合

产品组合 根据价格带和产品细分确定 适合本地市场消费者的 该渠道的产品线组合策略	结合	价格体系 包括价格带落位卡位 包括三阶价格管理 （零售价、海报价和大促价）

	功能1	功能2	功能3	功能4
超高端				
高端价位				
中等价位		副攻	副攻	
经济价位			副攻	

制定副攻产品组合的分销和动销行动方案！

图4-16 基于目标渠道的副攻组合

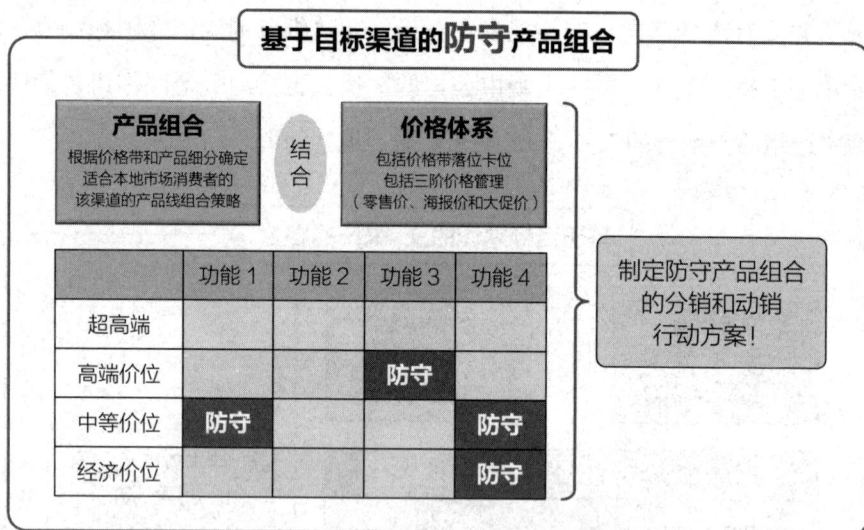

图4-17　基于目标渠道的防守组合

"举一个实际案例！一家头部生活用纸品牌的本地销售办事处要制定重点渠道的选品计划，希望在目标市场的大卖场渠道寻求业绩突破。作为一个市场容量相对有限的县城市场，该县城市场的大卖场渠道其实就是本地的老牌大超市——合家欢。当地销售为合家欢超市做选品计划的功效细分梳理时，他们直接用了合家欢采购常用的五大分类，即有芯、无芯、软抽、手帕和湿巾。同时在做价格带分析时，他们更是将这五个分类分别做了多层级价格带的分别设定。请看表4-4。"

表4-4　重点渠道的选品计划

	有 芯			无 芯			软 抽			手 帕			湿 巾		
	价格带	细分占比	整体占比	价格带	细分占比	整体占比	价格带	细分占比	整体占比	价格带	细分占比	整体占比	价格带	细分占比	整体占比
超高端	>29.9元	5%	1%	>25.9元	2%	1%	>25.9元	2%	1%	12.9–16.9元	8%	1%	>19.9元	14%	0%
高端	22.9–29.9元	25%	6%	19.9–25.9元	10%	7%	19.9–25.9元	10%	6%	8.9–12.9元	24%	5%	15.9–19.9元	35%	5%
中端	18.9–22.9元	35%	8%	15.9–19.9元	23%	6%	15.9–19.9元	23%	5%	5.9–8.9元	39%	6%	9.9–15.9元	25%	3%

续表

	有　芯			无　芯			软　抽			手　帕			湿　巾		
	价格带	细分占比	整体占比	价格带	细分占比	整体占比	价格带	细分占比	整体占比	价格带	细分占比	整体占比	价格带	细分占比	整体占比
经济	9.9~18.9元	35%	10%	7.9~15.9元	65%	12%	7.9~15.9元	65%	11%	<5.9元	29%	4%	<9.9元	26%	2%
	Sub Total:	100%	25%	Sub Total:	100%	26%	Sub Total:	100%	23%	Sub Total:	100%	16%	Sub Total:	100%	10%

"这个案例更加实战，通过合家欢采购的分类视角确定了生活用纸类目的五个细分。同时，对于超高端、高端、中端和经济的价格带划分也分别以每个功效为锚点来设定，更贴近实战中遇到的复杂多样的生意现状。每个细分的内部占比分布和占整体的大盘生意分布都一并列出来了。比如，有芯细分中生意最大的是经济和中端，整个有芯占了合家欢整个大盘的25%。"

"这个案例结合之前的标准工具，我想我真的学会了！"小王满脸的自信，听完之后他真的感觉已经完全掌握了这个知识点。

"小王，千万不要自满噢，前面我们花了很多的时间和篇幅重点在讨论产品组合的选品方法论，当我们带领销售团队把选好的货品用对的价格、对的陈列、对的机制分销到终端网点之后，其实只是完成了一半工作。而且，这一半的工作更多是面向B端，也就是渠道端客户端，因为在线下的快消品销售生意中，渠道和客户是话语权，你如果连货品都卖不进目前渠道和所包含的客户中，我们是没有任何机会触达我们真正的消费者的！所以，关于渠道四要素的知识内容，目前才学习了一半，另一半是面向消费者的动销（Sell-Out）部分。**如果说产品组合和价格体系确定了用什么价格卖什么品，那么，铺活陈列和促销动销是指引我们在哪里卖、怎么卖更多**。"老王适时要给小王的自信降一降温度……如图4-18、图4-19所示。

上半部分的分销　解决的是 TO B 的问题
下半部分的动销　解决的是 TO C 的问题

分销	**产品组合** 根据价格带和产品细分确定 适合本地市场消费者的 该渠道的产品线组合策略	**价格体系** 包括价格带落位卡位 包括三阶价格管理 （零售价、海报价和大促价）
动销	**铺活陈列** 根据公司总部 / 大区 / 省区的策略指引 基于本地价格带和消费细分确认产品后 要设定线上 / 线下铺货标准和陈列标准	**促销动销** 先渗透，再复购，再延展，再升级 即夯实每个策略单品的促销基本执行， 并通过机制多样化让促销执行精细化

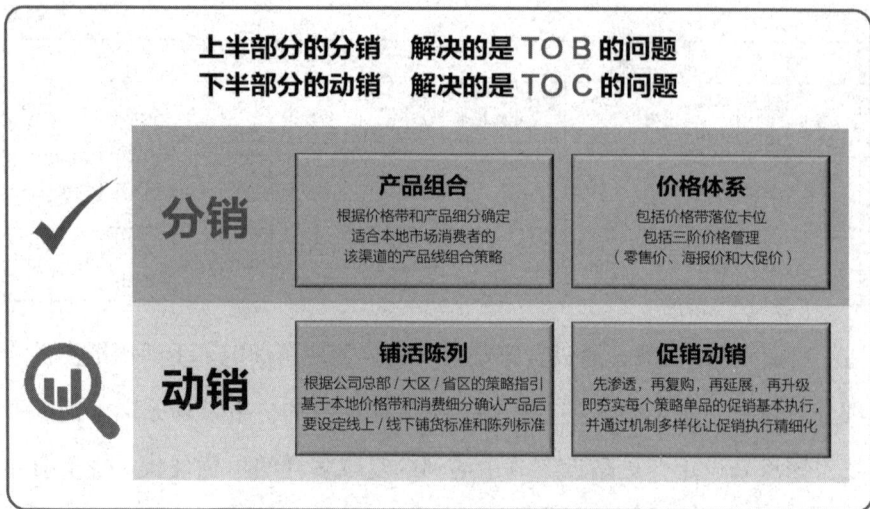

图 4-18　TO B、TO C 问题

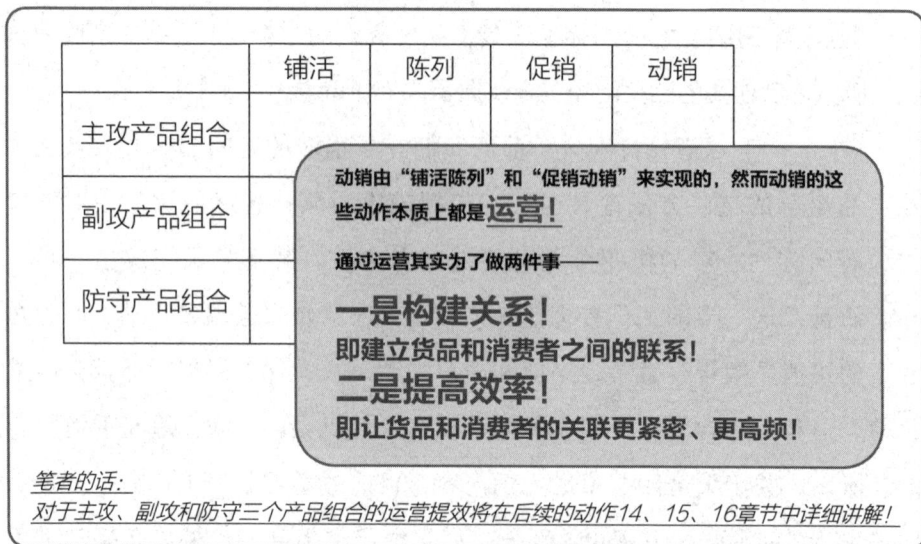

	铺活	陈列	促销	动销
主攻产品组合				
副攻产品组合				
防守产品组合				

动销由"铺活陈列"和"促销动销"来实现的，然而动销的这些动作本质上都是<u>运营</u>！

通过运营其实为了做两件事——

一是构建关系！
即建立货品和消费者之间的联系！
二是提高效率！
即让货品和消费者的关联更紧密、更高频！

笔者的话：
对于主攻、副攻和防守三个产品组合的运营提效将在后续的动作14、15、16章节中详细讲解！

图 4-19　面向消费者的动销

　　动销包含的两个 P——"Place"铺活陈列和"Promotion"促销动销。

　　其实这些动作本质上都是运营！没错，就是运营！很多时候也称之为"执行"，但是笔者始终认为"运营"更偏主动，更适合我们的日常工作，而"执行"更多是被动的角度。我们做销售的人必须主动"运营"生意，而不是被动地"执行"公司和内部指令。

我们要意识到在大部分快消品销售的全链路（Full Value Chain）上，日复一日的"运营"其实是为了实现两个目的：

一是构建关系！即通过"Place"来构建起货品和消费者之间的联系。

货品毫无疑问是根本，是整个生意的发动机！然而，产品选品再精准，如果无法触达消费者就是没有价值的货品。而运营的动作会让货品通过分销、铺货、摆放、陈列、露出、展示直接与消费者建立联系。"Place"就是让消费者能够看到、摸到、拿到、接触到真实产品的地方，这个地方可能是货架、可能是地堆、可能是收银台小货架等。在这些地方，我们的产品和消费者开始建立起联系。然而，通过铺货和陈列触达并建构的消费者联系是相对浅层的，逐步"由浅入深"递进式地让这个联系更加高频、更加紧密和更加有效，那就是"Promotion"需要承接的任务。

二是提高效率！用"Promotion"让货品和消费者的联系更紧密更高频！

分销陈列让产品完成了与消费者的初步触达和浅层关联，而促销的功能是放大产品的触达宽度和加速产品的触达效率，简单说就是让产品卖更多、卖更快！更紧密是为了建立消费者黏性，更高频是为了让消费者规律性地不间断复购。

后文将有专门段落篇幅来分析和解读"如何提升运营能力和运营效率"，从主攻、副攻和防守三个策略产品组合的角度来切入，如果急需了解也可直接翻到后续的"动作14""动作15"和"动作16"段落。

第三节　动作10：目标渠道的使命必达

"小王，刚刚在上个动作讲解里给你举例了一个纸巾品类在大卖场渠道的实际案例！通过这个案例我们了解到这家头部纸巾品牌为了更好地做大做强合家欢的生意，该品牌当地销售团队在前期通过合家欢采购惯用的品类分类和价格带完成了产品线梳理和组合设计，并针对确定的产品组合和价格体系制定了详细的铺货陈列和促销助销方案。通过制定了实实在在的行动计划，把渠道的4P落实到了每日的执行工作中。图4-20展示了他们做的计划思路，当中运用了一个名为'Job-To-Be-Done'的工具，这个工具很多时候被简写成'JBTD'，翻译成中文一般叫做'待办任务'理论，我更愿意将这个理论工具叫'使命必达'，因为这样叫起来更有干劲！"老王微笑着说道。

"待办任务"或"使命必达"理论（Jobs-to-be-done）是由美国已故知名经济学家、著有《创新者的窘境》等畅销书的泰斗级作者克莱顿·克里斯坦森提出的，是指用户或顾客在特定渠道和场景下试图取得的进展和要完成的任务。克里斯坦森在定义中指出"场景"和"情景"比顾客特点、产品特性、新技术或趋势更重要。从客户和渠道的场景和情境出发，才能真正找寻解决客户需求的高效率方案。

克里斯坦森说：每个"待办任务"都有三个维度——功能、社会和情感维度。搞清楚"待办任务"后，还必须考虑为顾客提供怎样的购买和使用体验，"思考这个问题，就会帮助我们制造出和竞争对手差异化的产品。对手的目标是提高产品质量，打造更优质的产品，而我们做的是深入了解顾客待办任务的各种维度，并为之提供产品的购买和使用体验。""待办任务"理论，本质上也是去寻找到客户的真正需求，然后满足这种需求。

"小王，我已经看出来你对于这个工具有点犯迷糊。上面两小段文字其实就是'Job-To-Be-Done'的出处，这个理论已经广泛运用到各行各业的运营管理中，与其说这个'Job-To-Be-Done'是一个理论，我更愿意把这个理论当作一个工具，一个'使命必达'的系统工具，在工作中起到明确而长期的指导作用。"为了让小王跟上他的思路，老王放慢了一点语速。

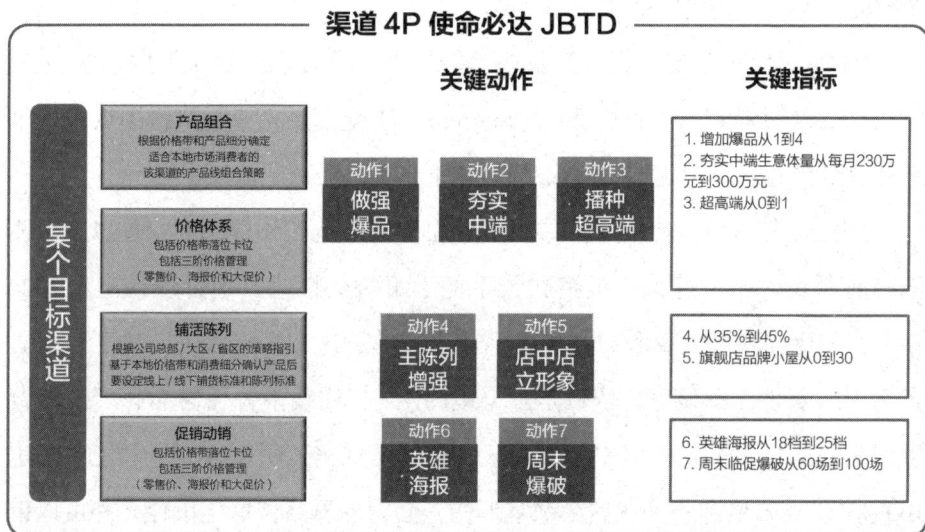

渠道 4P 使命必达 JBTD

关键动作			关键指标

某个目标渠道	**产品组合** 根据价格带和产品细分确定 适合本地市场消费者的 该渠道的产品线组合策略	动作1 **做强爆品**	动作2 **夯实中端**	动作3 **播种超高端**	1. 增加爆品从1到4 2. 夯实中端生意体量从每月230万元到300万元 3. 超高端从0到1
	价格体系 包括价格带落位卡位 包括三阶价格管理 （零售价、海报价和大促价）				
	铺活陈列 根据公司总部/大区/省区的策略指引 基于本地价格带和消费细分确认产品后 要设定线上/线下铺货标准和陈列标准	动作4 **主陈列增强**	动作5 **店中店立形象**		4. 从35%到45% 5. 旗舰店品牌小屋从0到30
	促销动销 包括价格带落位卡位 包括三阶价格管理 （零售价、海报价和大促价）	动作6 **英雄海报**	动作7 **周末爆破**		6. 英雄海报从18档到25档 7. 周末临促爆破从60场到100场

图4-20　"使命必达"的系统工具

"在这个例子里，可以看到当地销售团队在'Product—产品组合'和'Price—价格体系'方面做了三个动作，分别是做强爆品、夯实中端品项和播种超高端品项。每个关键动作都用'Big Bets'来形容就意味着每个动作的关键重要性，而'Deliverable'则将进一步衡量每个关键动作的交付KPI。例如，通过将每月合家欢中端价格带生意在今年年底前从目前每月的230万元提升到每月300万元就是考核'动作2'的衡量KPI标准。值得注意的是，为了让选品更加高效和客观，该团队将'Product—产品组合'和'Price—价格体系'综合起来一起来做'关键动作'的计划安排，这两个'P'的确在实际相关工作中是无法区割开来的。在'Place—铺活陈列'方面布置了两个核心动作——分别是'主陈列增强'和'店中店形象'，相对应的交付结果分别是'主陈列增强'要从35%的货架占有率提升到45%、'店中店形象陈列'要将'品牌小屋'建设从目前没有启动到年底达标30个。最后，关于第四个'P'，'Promotion—促销动销'则是通过'英雄海报'与'周末店内爆品'的执行动作来实现两个目标：一是合家欢封面海报从18档到25档；二是周六周日临时促销员"爆破"场次从60场到100场。"

"这个'使命必达'工具很系统地将渠道最相关的核心'4P'（'Product''Price''Place'和'Promotion'）全部融入一页执行图纸中，很容易运用和追踪。"听着老王详细的讲解，小王已经跃跃欲试了。

"没错，这个工具也是我们基层快消品销售人的工作体系和管理思路。还记得前面我跟你讲过关于渠道在线下的不可替代性吗？别看现在已经2024年了，相比互联网电商和新零售的蓬勃且成熟，这么多年以来，线下生意其实真正的变化并不显著，依然是'渠道为王'！在线下，任何品牌厂商的营销团队如果打不开渠道就一定活不久，这就是现实！所以，这个'使命必达JBTD'工具归根到底是我们必须掌握的一套管理思路，这年头什么都可以偏离，但是，管理策略必须要有定力，管理思路必须要有持久力！"老王边说边踱步到阳台，抽了口烟，他的这段话也是说给自己听的……

笔者：如果大家对于管理思路有相关思考，可以参考书后附件3《无论环境如何变，管理思路不能偏》，这是一篇刊登在"快渠研"公众号上写给经销商老板的文章，区域经理和城市主管有兴趣的可以读一读，不同的思路多多碰撞、多多益善。

"王总，我们花了很多时间详细学习和演练了一遍完整的渠道模块三大动作，从'动作8'渠道吸引力矩阵到'动作9'基于渠道的品类组合选择，再到'动作10'目标渠道的使命必达JBTD思路理解和工具运用，是不是做好这三大动作，我们就能解决渠道的大部分挑战和困难呢？"

"小王，当你步入日常岗位的实战环境，每一天你将遇到各种各样的挑战和困难，但是要学会'抓主要矛盾'并'解决主要矛盾'，做好渠道模块的三大标准动作不可能包治百病，但是，可以最高效率地实现我们的渠道生意增长目标！"

老王接着补充着："渠道三大动作，特别是第三个动作'使命必达JBTD'工作需要后续大量的紧盯和追踪，没有狠狠地推动，我们没有可能完成KPI。"

"我了解到现在的销售工作追踪都在手机上，都是系统化和信息化了，还有必要用我们人工来狠狠地推动吗？"

"很好的问题，现在的确手机让'线上追踪'和'线上作业'更加便捷和高效，然而现实是基层销售团队对于手机端的应用和接受度目前相对有限，而且，目前的手机移动端解决的更多是'销售信息的IT在线化'，这些数据工具的实用性一直存在诟病。作为一个新快消品销售人，我建议你先从实地拜访和追踪开始，这样才更接地气，以后运用起数字化工具才会得心应手。"老王的回答总是如此直接。

笔者：要了解相关思考，请参阅本书书后附件4《不要错把IT信息化当成渠道数字化》，尽管这篇刊登在专业渠道公众号"快渠研"的文章是写给经销商老板的，对于基层的一线销售经理主管们同样有借鉴用处。

至此章节，"快消品销售主管城市开发策略"六大模块的第三模块——渠道"定战壕"相关内容的三个动作解析完毕，就让我们跟着老王的小结动作，回顾一下这个模块的主要内容要点吧！

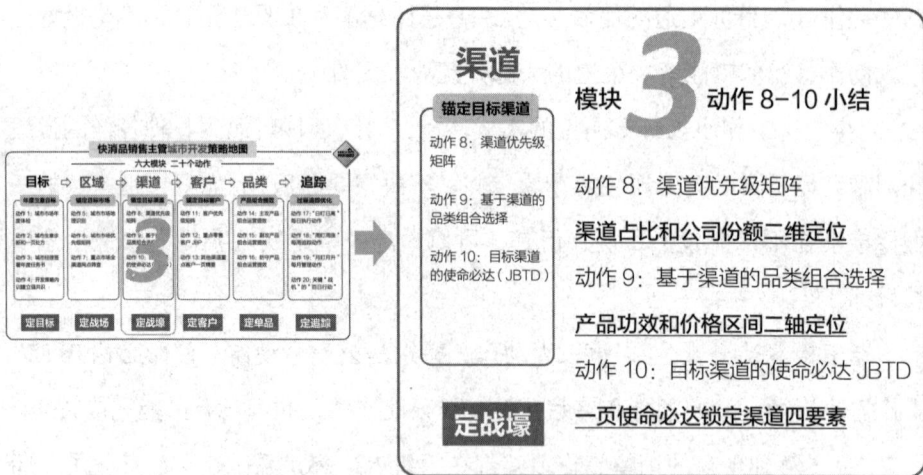

图4-21　定战壕总结

笔者：渠道模块是本书的核心内容，这个思路体系和方法论希望广大同行能够全面重视起来！再次强调——渠道是线下生意的核心关卡，不是因为渠道本身的重要性，而是线下生意必须通过渠道来真正触达消费者，渠道是品牌和产品的放大器，每个渠道放大的效率是不一样的，但是，对接和打通每个渠道关卡是每个厂商的第一步！所以，在渠道依然为王的线下快消品行业市场，不管是身处大后方的总部中台部门，还是前线战壕里的基层销售团队，都在做的是"To B"然后再"To C"的事情，然而，我们不能因为很多时候在做"To B"渠道和客户的生意而忘记我们的产品本质上是通过"To C"最终产生价值的这个事实！渠道诚可贵，消费者价更高！

第五章

模块4——客户篇（定客户）

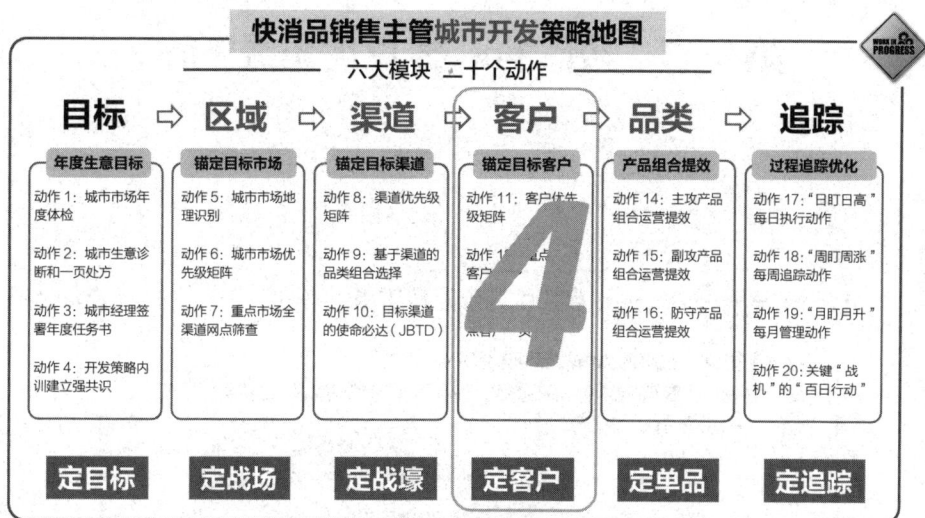

图5-1　定客户

　　前文案例中，我们列举了一个建湖县合家欢的案例，作为高优先级市场上的高优先级渠道，该城市市场的大卖场渠道只有一个合家欢连锁。然而现实工作中，很多市场上的高优先级渠道是由几个或多个单体或者连锁客户组成的，此时，我们需要对客户的优先级进行评估和选择。

第一节　动作11：客户优先级矩阵

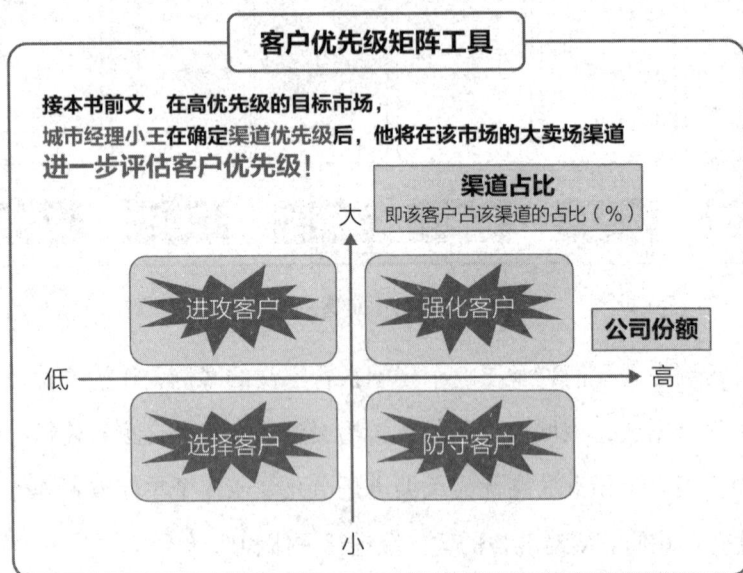

客户优先级矩阵工具

接本书前文，在高优先级的目标市场，
城市经理小王在确定渠道优先级后，他将在该市场的大卖场渠道
进一步评估客户优先级！

渠道占比
即该客户占该渠道的占比（%）

大

进攻客户　　强化客户

公司份额

低　　　　　　　　　　　　高

选择客户　　防守客户

小

图5-2　客户优先级矩阵

　　"小王，对于客户优先级的评估选择逻辑，我们将延续之前的两大轴：一个是公司份额；另一个是客户生意体量占比。这样，从城市到渠道、从渠道再到客户都运用相同逻辑的工具更容易让基层销售理解和运用。"

　　"王总，当我第三次看到这个矩阵图形时已经非常熟悉啦！我的理解是城市、渠道和客户三维度的选择逻辑大体上都是类似的，即竖轴看'大盘整体占比比例'，横轴看'公司其中的占比比例'！"小王很有信心地回答道。

　　"一点都没错！这个动作就是非常简单，只需要根据目标渠道里每个客户的数据依次落位就好，没什么难度。"老王笑着说："其实，能用简单逻辑解决问题就是最经济的做法！我们日常的销售工作不需要很多复杂的逻辑和套路，在有鱼地方钓鱼，在大客户那里拿大份额！"如图5-3所示。

客户优先级矩阵工具

城市经理小王在该市场的大卖场渠道中有五个客户，依次落位在四个象限！

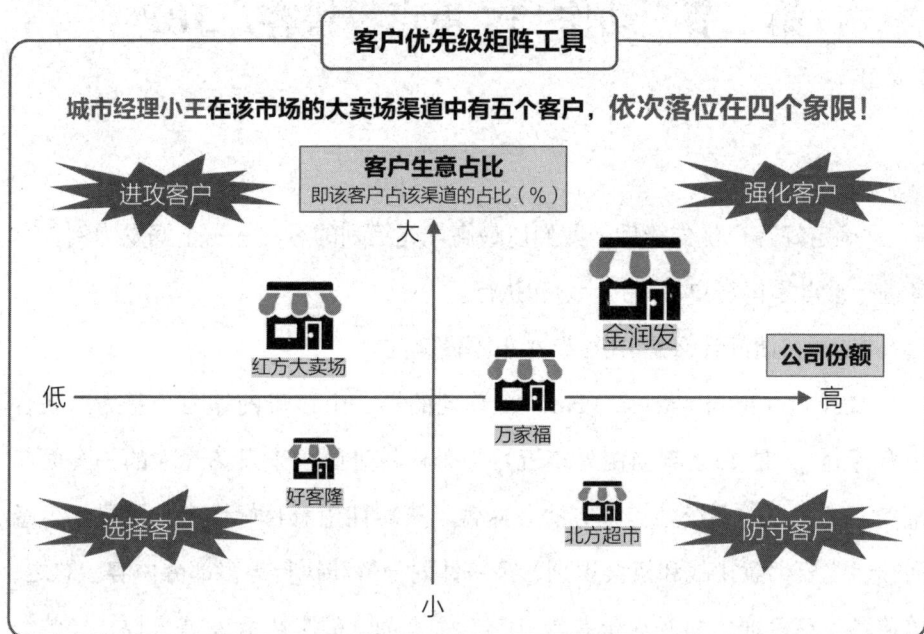

图5-3　确定好客户优先级

第二节　动作12：重点零售客户JBP

"确定好客户优先级后，我们以最高优先级别的客户——金润发为例，对其进行重点零售客户JBP的计划和执行。"

"王总，请问什么是JBP？"小王不懂就问。

"JBP是Joint-Business-Plan三个单词的第一个字母的缩写，意为'联合生意计划'，是20多年前由外资五百强公司带进国内来发扬光大的一套面向重点零售客户的系统性工作方法。涵盖了策略性生意目标设定、阶段性生意回顾、主要生意挑战和机会识别、策略计划分解和执行等多部分内容。总之，以前各大厂家非常重视，但是近几年，一方面，线上生意发展太快，导致线下重点零售客户人流变少；另一方面，外资品牌的增长相较黄金头十几年有所缓慢，如今的联合生意计划褒贬不一。但是毫无疑问，这个工具是快消品销售人必须掌握的。联合生意计划需要注意不要走入误区。"

一、重点零售商JBP常见误区

误区1：**虎头蛇尾**。制订的计划很完美，设定的指标也比较高，开会的掌声雷动、幻灯很酷、合影很美，但是一到执行阶段就停滞不前，往往辛辛苦苦准备好的年度联合生意计划不到半年就夭折了。

误区2：**形式主义**。内容大过于形式，而且主要流于形式！很多品牌商为了秀肌肉展现自己的实力而开会，为了开会这个形式而开会，为了向上级管理层交作业而开会。

误区3：一厢情愿。很多时候是品牌商和销售团队非常积极，但是，经常出现"热脸碰上冷屁股"，零售商不愿意、不配合或敷衍了事，应付和消极的态度会让这些年度JBP失去实际意义，浪费时间、精力、财力和物力。

误区4：惯性守旧。联合生意计划的会议、方案和追踪方法都很不错，双方都达成了协议。然而到了具体的落地阶段，零售商的各部门依然按照老方法、老套路、老思维办事，加上很多厂家团队也按照惯性做事情，导致很多新计划走了"旧地图"。

对应这四大误区，本地市场重点零售客户JBP需要做到"六个专业"。

二、重点零售商JBP的"六个专业"

表5-1　重点零售商JBP的"六个专业"

专业一	目标有形，计划专业	共同的目标，并由详细的计分卡和执行方案做支撑的可执行计划
专业二	理念共赢，投入均衡	双方必须本着"共赢"的合作原则，同时，双方投入和置换大致等量
专业三	数据共享，协同增效	双方开放数据接口，不要只要对方开放，而己方采取保守和部分共享
专业四	品类舰长，引领发展	以推动品类整体可持续增长为出发点的品类管理，品类舰长起发动机作用
专业五	深度挖掘，识别机会	基于双方的洞察基础上的核心机会挖掘和共识，并基于此制订生意发展计划
专业六	职能对接，全面合作	JBP不仅仅是销售部对采购部的联合，还是厂商和零售商双方整体各部门的合作

基于"六大专业"的指引，具体细节的联合生意计划的组成包括KPI设定、数据共享、消费者促销、品类管理和供应链深度合作五个重要部分。

第一部分——年度目标一致的一家人！

双方共同的目标是品牌商和零售商都非常重视的利益点，经过各自董事会和管理层的正式批复，详细清晰的目标作为严谨的年度KPI形式呈现，请将定期回顾和总结以确保达成。双方制定的共同目标中需要包括销售收入、过程指标、前台毛利、存货等供应链优化指标。

第二部分——共识生意机会的一家人！

数据共享基础上的生意机会识别。通过市场外部数据、消费者数据、零售商数据和品牌商内部数据的共同比对、参考和挖掘，找到客户的增长与市场增长之间的差异、找到品类和竞争对手零售商的差异、找到消费者端与购物者端的数据差异，从中找到品牌的增长机会和零售商品类的爬坡机会。

第三部分——共创消费者促销的一家人！

消费者促销是获取和吸引购物者人流的主要方式，如何确定促销价格、包装、形式和主题需要双方基于各自的资源来共创。将消费者促销机制通过精准系统的投资回报率测算来不断提升促销的商品效率和ROI效率，品牌商厂家团队不仅要关注自己生意的成长，还要兼顾关心和推动零售商的毛利率和周转率，这样的共创和合作才是联合生意计划真正的意义所在！

第四部分——推动品类持续发展的一家人！

品类管理也好，品类舰长也罢，品类提升项目的关键目标是持续满足不同类型消费者的需求，并根据这些多样化的需求来配置差异化的货品组合，以实现货品组合和空间利用率最大化、最优化。品类管理的底层逻辑是要从消费者和购物者的角度出发，通过消费者的购物行为实现货品效益最大化，最终不断满足消费者的需求才是品类管理的根本。

第五部分——供应链共同提效的一家人！

联合生意计划中不能绕开的一个重要话题一定是供应链！考虑到我们销售的产品普遍单件毛利额不高，必须通过提升货品的高速流转和翻单实现收益最大化，而这就需要通过供应链优化来实现降本增效和敏捷响应。订单满足率是供应链上的一个极其重要的指标，有报告显示每个订单满足率提升百分之四，售出销售额就会相应地提升百分之一。要始终牢记，联合生意计划不仅仅只是厂家销售部和零售商采购部门的合作计划，而是所有职能部门的全面协同和合作，特别是双方供应链部门的深度合作和共创一直都是JBP的核心计划的组成部分。

"小王，了解到了JBP的基础知识，你要牢记专业的高质量联合生意计划对于我们高优先级零售客户的生意发展非常重要，特别是对于我们基层销售团队建立重点零售客户管理体系起到了决定性意义。同行们早就总结过重点零售客户管理体系的'三阶分类'，分别是基础、进阶和高阶。"老王继续耐心地讲解着"三阶分类"。

基础阶段：包含销售团队对于零售客户总部和门店的常规拜访线路规划、门店拜访六步骤八要素、订单送货管理、应收应付账款管理和促销动销全链路管理。

进阶阶段：季度、半年度和全年生意计划、合同协议管理、定期业务回顾、新品和高端品孵化、促销效率优化和样板标杆店打造。

高阶阶段：年度生意计划为基础的战略合作、供应链合作、品类管理合作、大型品牌联合活动、公关项目共创、联合特供产品计划等，将各部门合作形成合力，打造整体完整的系统性执行计划。

"小王，和本地市场高优先级零售客户做联合生意计划时，基层团队的经理或主管必须身先士卒，所有的细节条款和计划必须亲自指定、了如指掌并带领团队冲在计划执行的最前面！'一号位'的以身作则对于基层执行团队的影响力和带动力至关重要，只有你推动了，整个内部和外部的各个连接环节才能全部运动起来，各个关卡才能逐步被打通和突破！"

"王总，假设我们自己准备得非常充分，但是零售客户自己不愿意做，怎么办？"小王的问题很直接。

"哈哈，这是很现实的问题。如果零售客户不愿意做，可以说明我们的生意计划没有得到客户的认可，或者是我们的计划没有跟采购的业绩考核直接挂钩。当我们的生意计划对采购对客户的贡献非常显著时，我们的联合生意计划必定会得到客户端的接纳和支持！因此，需要注意日常工作质量和合作状态，我们可以先从小事做起、从细节做起、从日常做起，比如，提报海报上刊的及时不拖延、支持促销员的迅速到位、处理旧货方案更加妥当和换位思考等。逐步建立信心，当客户对你的信心足了，自然就会接受你的计划并支持后续的执行。"老王拍了拍小王的肩膀，一边说着一边给他打气。

"做了这么多年的JBP，在我看来，每一年的联合生意计划必须要让我们的重点零售客户生意'上平台'，每一年都要爬坡，当销售业绩爬上去就不跌的趋势形成，我们的年度JBP才真正有效。不仅是零售客户，其实和我们合作的经销商生意也是如此，我们的生意计划必须为增长服务，更精确的描述是要为'不断爬坡'的生意增长服务！"老王补充道。

笔者：所有的生意计划如果只是实现短期或一次性的增长，业绩只是爬升之后又回落到计划前，这样的生意计划没有实际意义，更谈不上效率。基层团队不管是对零售商还是批发、经销商，我们做计划、做执行的目的是让生意一步一步上台阶，获取可积累的增长趋势。相关话题可以参考本书书后的附件7《硬道理是求发展，最重要的是上台阶！》，这篇阅读量很高的自媒体公众号文章引起很多同行的共鸣，特此分享。

第三节　动作13：非零售客户的一页精要管理方法

"王总，通过上一个动作，我学到了很多关于零售重点客户的管理思路和要点，但是现在市场上有很多新渠道的非零售客户，我们如何制订这些客户的行动计划呢？"

"的确，我们在实际工作中遇到的客户不仅有零售客户，还有很多不同渠道类型的客户，当然新零售客户也越来越多。对于这些不同类型的非零售客户，其实行业里没有特别体系化的管理方法和计划模板，这里我给你尝试整理和总结一下思路，供你参考。"老王随手拿了一张A4纸，一笔一画列出了五个方面，如图5-4所示。

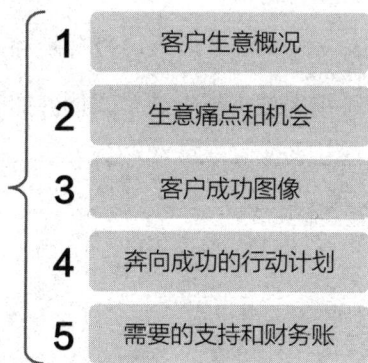

1 客户生意概况
2 生意痛点和机会
3 客户成功图像
4 奔向成功的行动计划
5 需要的支持和财务账

图5-4　非零售客户的一页精要管理方法

"以某个社区团购平台为例，负责洗衣液销售的小王本月的指标是在这个平台成交总额达到50万元，第一步，需要了解这个客户的生意概况。从了解负责洗衣液的家庭清洁类目的采购基本情况开始，然后，摸清楚这个品类的生意体量和趋势，以及主要竞争对手的情况。比如，图5-5就是对洗衣液品类和所属家庭清洁类目的生意摸查，不仅要了解类目，还要尽可能得到主要竞争对手的销售数据和坑位单产细节。"

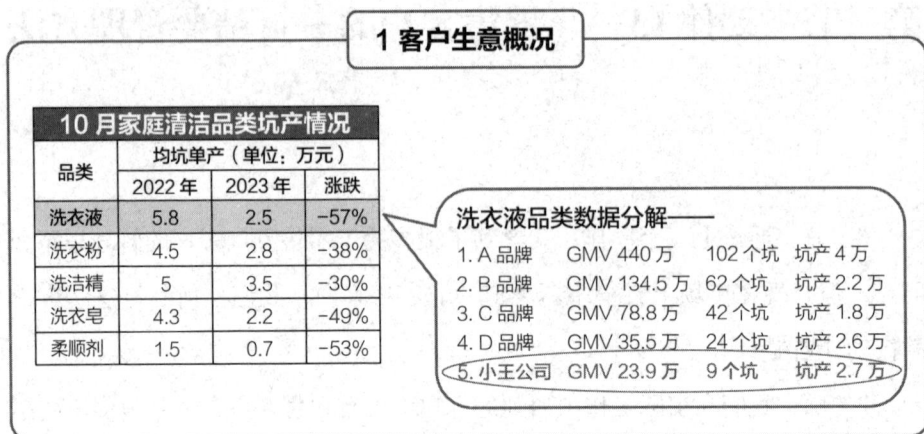

1 客户生意概况

10月家庭清洁品类坑产情况			
品类	均坑单产（单位：万元）		
	2022年	2023年	涨跌
洗衣液	5.8	2.5	-57%
洗衣粉	4.5	2.8	-38%
洗洁精	5	3.5	-30%
洗衣皂	4.3	2.2	-49%
柔顺剂	1.5	0.7	-53%

洗衣液品类数据分解
1. A品牌　　GMV 440万　　102个坑　坑产4万
2. B品牌　　GMV 134.5万　62个坑　坑产2.2万
3. C品牌　　GMV 78.8万　　42个坑　坑产1.8万
4. D品牌　　GMV 35.5万　　24个坑　坑产2.6万
5. 小王公司　GMV 23.9万　　9个坑　　坑产2.7万

图5-5　客户生意概况

　　"接下来根据掌握的数据进一步剖析目前生意的痛点和机会，比如，小王的公司目前的生意排在整个洗衣液细分品类的第5名，上个月只拿到9个坑位，尽管坑产还行，但是由于被分配到的坑位远远少于主要竞品品牌，导致生意占比非常小，相应的话语权也非常有限。通过分析和总结，小王得出了具体的痛点和机会点。"老王手把手地拆解着这个案例。如图5-6所示。

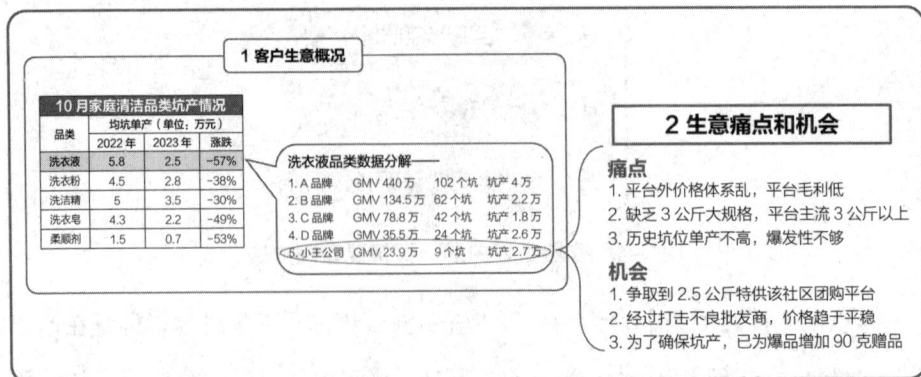

1 客户生意概况

10月家庭清洁品类坑产情况			
品类	均坑单产（单位：万元）		
	2022年	2023年	涨跌
洗衣液	5.8	2.5	-57%
洗衣粉	4.5	2.8	-38%
洗洁精	5	3.5	-30%
洗衣皂	4.3	2.2	-49%
柔顺剂	1.5	0.7	-53%

洗衣液品类数据分解
1. A品牌　GMV 440万　102个坑　坑产4万
2. B品牌　GMV 134.5万　62个坑　坑产2.2万
3. C品牌　GMV 78.8万　42个坑　坑产1.8万
4. D品牌　GMV 35.5万　24个坑　坑产2.6万
5. 小王公司　GMV 23.9万　9个坑　坑产2.7万

2 生意痛点和机会

痛点
1. 平台外价格体系乱，平台毛利低
2. 缺乏3公斤大规格，平台主流3公斤以上
3. 历史坑位单产不高，爆发性不够

机会
1. 争取到2.5公斤特供该社区团购平台
2. 经过打击不良批发商，价格趋于平稳
3. 为了确保坑产，已为爆品增加90克赠品

图5-6　生意痛点和机会

"下一步是根据你识别出来的生意机会，合理地设定生意改善的'成功图像'——即将列举的几个机会转化成'带着具体抓手'的生意机会。"如图5-7所示。

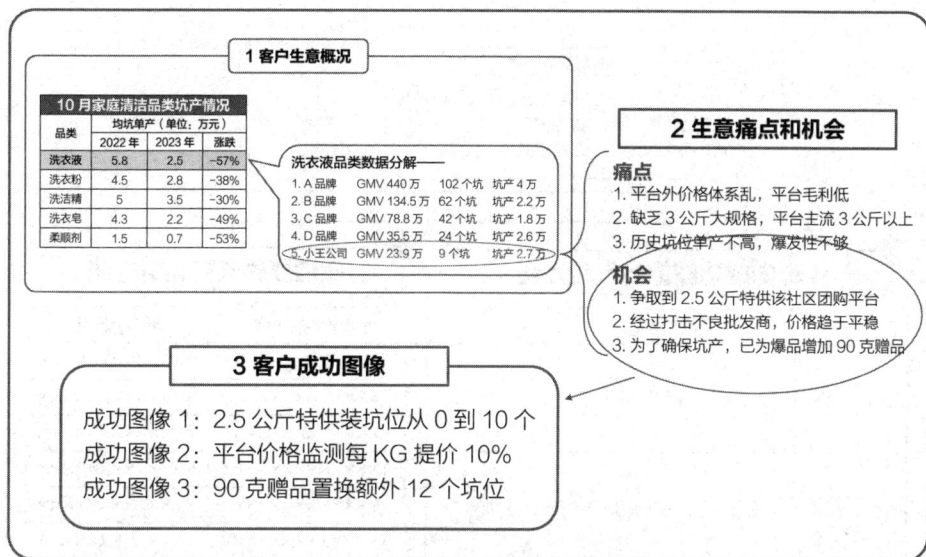

图5-7　客户成功图像

"接着，第四步和第五步就要奔着客户成功图像的具象目标制订详细的行动计划和支持清单（包括财务费用测算和提报，以便执行后的及时核销入账）。"如图5-8所示。

"这个社区团购的案例只是参考，更多是需要不断地实践，在实践中就能摸索出每个渠道不同客户的生意打法和计划特点，对症下药。总之，虽然我们以往并没有针对非零售客户的现有方法论，然而，每个渠道类型的客户都可以通过努力制订出'专属一页精要'计划！加油！"老王继续鼓励着……

至此，"快消品销售主管城市开发策略"六大模块的第四模块——客户"定客户"相关内容的三个动作也解读完毕，我们继续跟着老王做一下小结，整体回顾一下这个模块的主要内容要点。如图5-9所示。

1 客户生意概况

10月家庭清洁品类坑产情况

品类	均坑单产（单位：万元）		
	2022年	2023年	涨跌
洗衣液	5.8	2.5	-57%
洗衣粉	4.5	2.8	-38%
洗洁精	5	3.5	-30%
洗衣皂	4.3	2.2	-49%
柔顺剂	1.5	0.7	-53%

洗衣液品类数据分解
1. A品牌 GMV 440万 102个坑 坑产 4万
2. B品牌 GMV 134.5万 62个坑 坑产 2.2万
3. C品牌 GMV 78.8万 42个坑 坑产 1.8万
4. D品牌 GMV 35.5万 24个坑 坑产 2.6万
5. 小王公司 GMV 23.9万 9个坑 坑产 2.7万

2 生意痛点和机会

痛点
1. 平台外价格体系乱，平台毛利低
2. 缺乏 3 公斤大规格，平台主流 3 公斤以上
3. 历史坑位单产不高，爆发性不够

机会
1. 争取到 2.5 公斤特供该社区团购平台
2. 经过打击不良批发商，价格趋于平稳
3. 为了确保坑产，已为爆品增加 90 克赠品

3 客户成功图像

成功图像 1：2.5 公斤特供装坑位从 0 到 10 个
成功图像 2：平台价格监测每 KG 提价 10%
成功图像 3：90 克赠品置换额外 12 个坑位

4 奔向成功图像的行动计划　　**5 需要的支持和财务账**

行动目标	行动计划动作	所需支持
成功图像 1：2.5 公斤特供装坑位从 0 到 10 个	1.1××××××××××××	××××××××××××××
	1.2××××××××××××	××××××××××××××
	1.3××××××××××××	××××××××××××××
成功图像 2：平台价格监测每 KG 提价 10%	2.1××××××××××××	××××××××××××××
	2.2××××××××××××	××××××××××××××
	2.3××××××××××××	××××××××××××××
成功图像 3：90 克赠品置换额外 12 个坑位	3.1××××××××××××	××××××××××××××
	3.2××××××××××××	××××××××××××××
	3.3××××××××××××	××××××××××××××

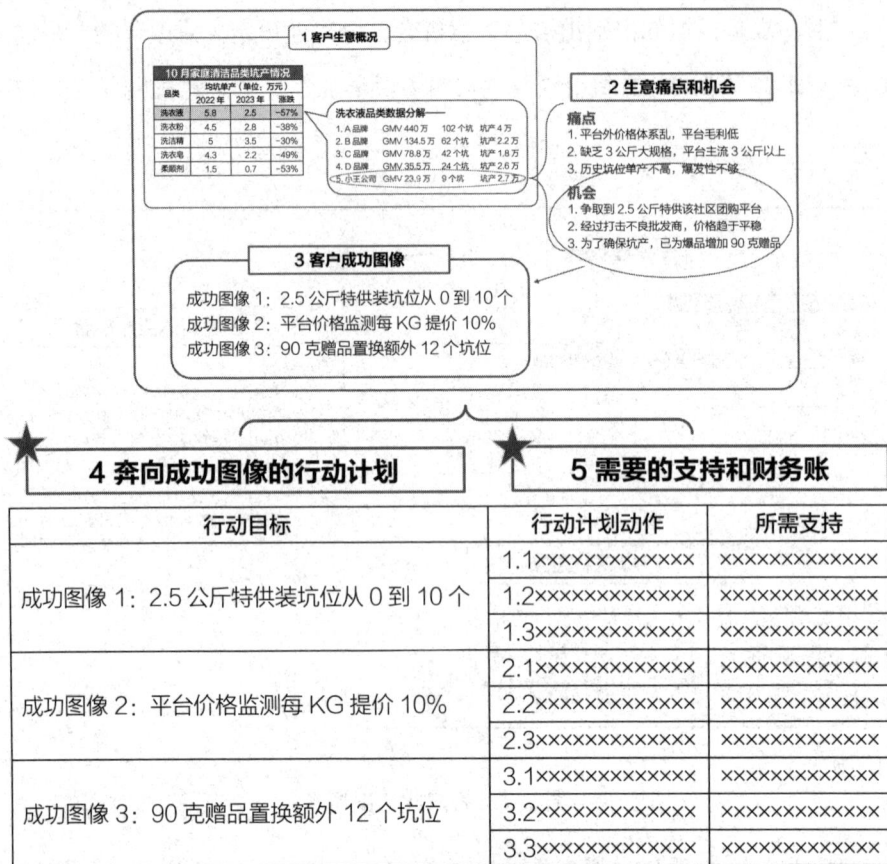

图5-8　行动计划和支持清单

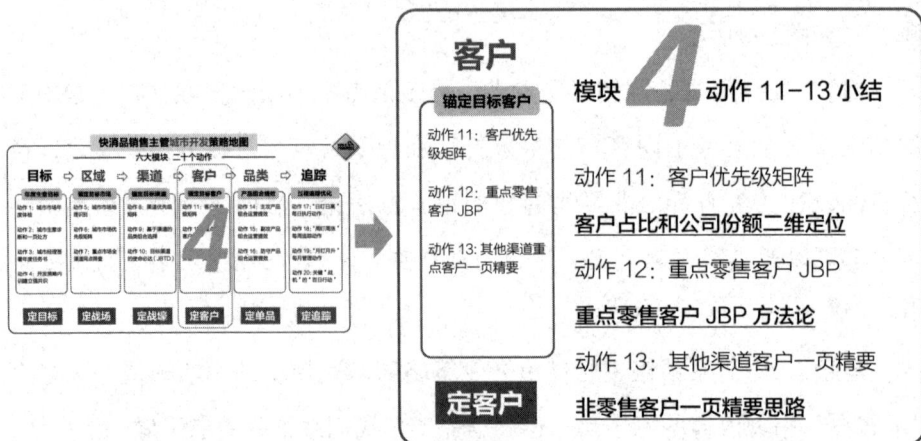

客户

锁定目标客户

动作 11：客户优先级矩阵

动作 12：重点零售客户 JBP

动作 13：其他渠道重点客户一页精要

定客户

模块 4 动作 11-13 小结

动作 11：客户优先级矩阵

客户占比和公司份额二维定位

动作 12：重点零售客户 JBP

重点零售客户 JBP 方法论

动作 13：其他渠道客户一页精要

非零售客户一页精要思路

图5-9　定客户内容要点

第六章

模块5——品类篇（定单品）

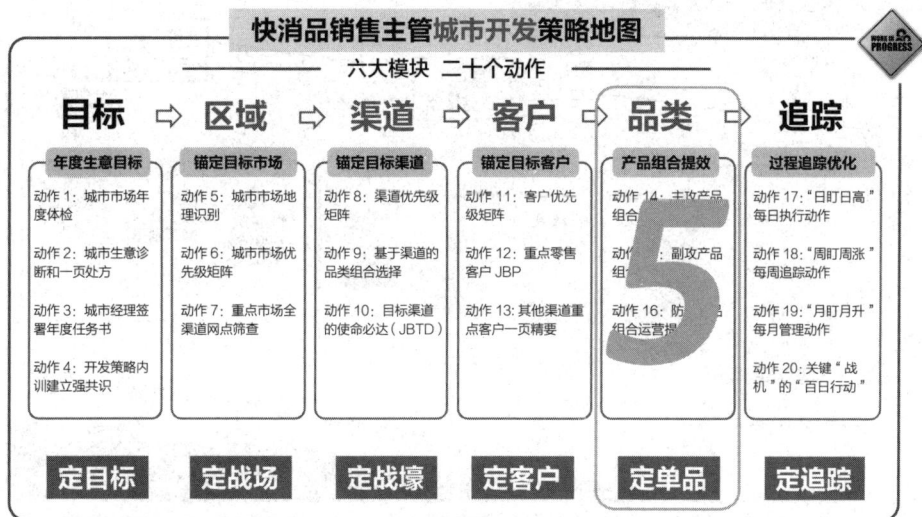

图6-1 订单品

　　"定产品"包含三个标准动作，分别是主攻产品组合运营提效、副攻产品组合运营提效和防守产品组合运营提效。事实上，对于三个策略产品组合运营的指引是同一个方法论，只是每个策略组合所处的生意发展孵化的阶段不同，因此，本模块将用一个整体路径图进行有步骤地呈现和拆解。

　　"王总，即将学习的模块5的三个动作是不是就是前面'动作9'相应的细节运营动作分解？"随着学习的系统性深入，小王对整个城市开发体系的理解越来越有感觉了。

　　"非常准确！作为整个城市开发体系的核心动作，'动作9——基于渠道的产品组合选择'是最重要的部分，也是你需要花最多时间和精力学习、实践和巩固的章节和工具。为了确保充分理解和后续运用，接下来本模块的三个动作要将'动作9'中识别出来的三个产品策略分别讲透！"老王边说边走到办公室的大白板前画起图来……如图6-2所示。

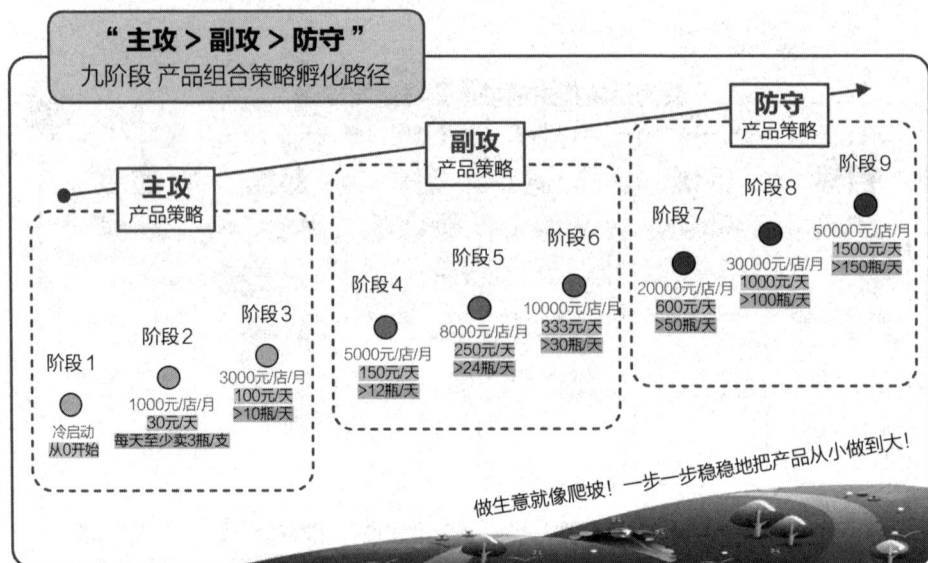

图6-2　产品组合策略孵化路径

"小王，你可以看到我画的这张图从左到右是逐步上扬的，做生意就像爬山坡，只有不断爬坡的生意才可持续、才有意义！我们的工作看上去是拿订单，实际上是卖产品，我们的订单和指标本质是通过卖掉的每一瓶、每一包、每一袋、每一支来累计、来兑换、来实现和来完成的。为了更清晰地帮助你理解和应用，我从实战角度将'主攻''副攻'和'防守'三大产品策略呈现在一张策略地图上。"老王敲了敲被他写满图文的大白板，继续说道。"通过将三个策略放在一张策略图上的动作，是为了表明这三个产品策略其实是一个逐步爬升的生意发展路径。这个发展路径中的'9个阶段'会教会你如何一步一脚地推进产品业绩'上台阶'，从而达成生意的不断增长。"

"王总，这张图上'阶段1'到最后'阶段9'对应的三大产品策略的先后顺序分别是'主攻'到'副攻'再到'防守'，这个先后顺序的逻辑依据是什么？"

"这个问题问得很有水平！"老王赞许地看着小王，不紧不慢地解释："刚刚提到我们的销售指标达成是通过每一个产品SKU（Stock Keeping Unit最小库存单位）的每一个最小规格（例如瓶、袋、包和支）的实际售出来累计实现的，所以每个SKU销售出的单数越多生意额就会越高。"

"在我们线下快消品销售各个渠道中，每天的生意售出大致可以分为平日的'日销销售'和高峰的'关键日销售'，两者相互依存互相影响，共同组成了我们每个SKU的生意销售额。"如图6-3所示。

每个 SKU 的销售组成来源于

平日"日常销售"销售额

＋

周末"关键销售日"销售额

平日日销的稳步爬坡会逐步加强周末高峰销售日的爆发力度，同时每个关键销售日的高峰售出可以帮助日销持续上台阶！两者相辅相成，互相影响。健康且持续增长的 SKU 状态就是实现"日销"和"关键销售日"的"双高"！

备注：这里的"关键销售日"不仅包含每周的周末，同时也包含所有节假日。

图6-3 每一个产品SKU的销售组成

"综上，基于我二十多年快消品基层销售的一点经验总结萃取，我和很多同行都一致认为，对于每个产品、每个SKU的工作，最高效的工作方法是'盯产品动销'！而且是每一天，不仅是产出高的周末假日的'关键日销售'，也要紧抓每一个日常平销的'日销销售'。而这两方面的努力都是为了让'盯产品动销'的这个动作高效率产出，而衡量高效率产出的核心指标就是'销售环比上台阶'！因此，你可以看到我在白板上勾画出来的'产品组合策略孵化路径'是一个从低到高不断爬坡的'上台阶'模式"。如图6-4所示。

"当越来越多产品的销量通过'日销销售'和'关键日销售'的'双重增长'一步一步地'上台阶'，我们的生意底盘和基础就会越来越稳，城市市场基本盘就会逐步建立起来。"

每个月都要完成业绩的关键是**"紧盯产品动销"**！
每个产品、每个 SKU 不仅仅要盯高产出的"关键销售日"，也要紧盯每一个常规的"日常平销日"。这两方面的努力都是为了**"销售环比上台阶"**！

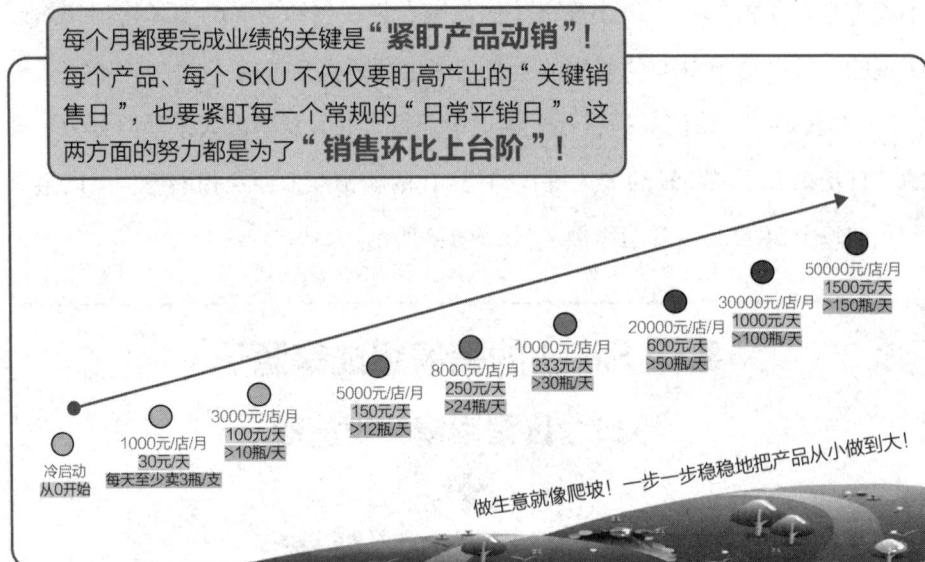

图6-4　爬坡的上台阶模式

"为什么把以上九个产品爬坡节点归类到'主攻''副攻'和'防守'三个阶段呢？"

"这是从产品的孵化生命周期来切入和考虑的！"老王补充道。如图6-5所示。

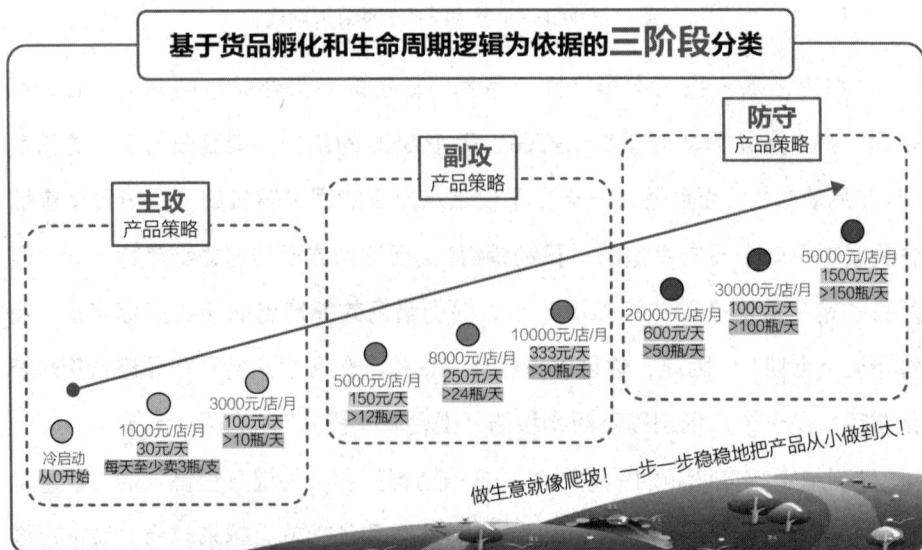

图6-5　三个阶段分类

主攻产品组合（平均每天销售额从0到100元）：主攻，顾名思义，就是要通过主动进攻来实现战略目的，主攻产品组合就是主动发起进攻的产品SKU数的累加总和。在现实的区域和城市市场销售工作中，我们的生意往往由几个或者十几个成熟的爆品贡献和组成的，但是这些产品更多承担着常规业绩任务的基本盘，缺乏进攻属性。如果一个区域或者城市市场每月业绩达成太过于依靠老爆品，那么这个市场很难抢到额外的新增市场份额。**要从被动防守到主动进攻，我们必须要孵化出新的产品，这样才有新的增长。所以这里的主攻更多是强介入、强干预的主动进攻，将更多有机会的产品从0到1孵化出来，通过主动进攻孵化出来的新产品越多，我们生意发展的动能就越持久、越强劲！**我们一般对于主攻产品组合的投入力度会比较大，毕竟从0到1不容易，是区别于常规产品的高难度动作，必须集中资源饱和攻击。

副攻产品组合（平均每天销售额从100元到333元）：相对于主动进攻，副攻产品组合所选择的SKU大多已经步入产品生命周期的成熟初期，每日销售额已经从100元逐步提升到333元，也就是一个月该单品的生意贡献已经突破一万元。**在我们快消品销售行业中，客观而言，当一个SKU在一个售点终端一个月的销售额如果达到10000元，也就意味着这个SKU已经成了这个终端的"核心单品"！**对于一个逐步成熟的核心SKU，每日销售额300多元约等于20~30笔成交，其实要达到这个成交笔数并不容易，主要靠"关键日销售"来拉高均值，因此这个阶段的关键日同样关键，一旦突破店均月销的"万元大关"，这个产品就能稳步向"防守"产品策略过渡。

防守产品组合（平均每天销售额从333元到1500元）："防守"产品组合其实可以理解为"收割"产品组合，也就是这个组合类别里面的产品相对而言已经非常成熟，在该渠道售点已经被确定体量的消费群体认可并产生持续的复购，已经可以逐步收缩价格折扣和促销力度来实现利润最大化的"收割"。这个产品策略组合其实是每个品牌厂家最希望看到和实现的阶段，一般都是"核心爆品"的下一个阶段。**每天销售额从300多元逐步提升到600元、**

1000元直到1500元，连带所在售点终端的平均月销会从"万元大关"攀爬到"两万元店""三万元店"和"五万元店"，这就是防守产品组合的最佳盈利路径，任何一个快消品品牌公司拥有这类策略组合的产品越多越能赚钱，公司赚钱了，我们做销售的奖金不就更多了！这就是"良性循环"。然而"防守"产品组合往往已经进入"产品生命周期"的"顶峰期"，而"顶峰期"紧接着就是不可避免的"衰退期"，如何让"衰退期"更加缓慢将取决于"防守"产品组合策略的战术设计能力和执行质量。

老王敲了敲白板继续说："小王，你是否注意到以上我们谈到的都是每天销售额，这里的简单除法公式是用'每月目标产品在某终端的总销售额'除以30或者31天，从而得出平均的'每天销售额'，包含前文提到的'日销'和'关键日销售'。一般情况下，'关键日销售'是'日销'的2~2.5倍，因此，我们不仅要提升关键销售日的营业额，还要做好日常每日的常规动销。"

"理解了，我们的销售工作其实是爬坡的工作，让每一个不同策略设计的产品SKU一步一个脚印地'爬楼梯''上台阶'，这样的生意才能长久稳定地可持续发展下去，对吗？"

"完全正确，以后当你的销售工作经验越来越多，你会发现每天和你打交道的经销商客户们做的也是类似'爬楼梯'和'上台阶'的工作，以后会有专门的经销商生意管理体系部门来讲相关方面的内容，做好产品爬坡是生意爬坡的基本功，慢慢来不着急！"

笔者：经销商相关话题有兴趣可以参考本书书后附件文章7《硬道理是求发展，最重要是上台阶！》

第一节　动作14：主攻产品组合运营提效

"接下来会把每个爬坡节点的具体运营动作详细分解给你听，每个节点都会设定简单易懂的门槛，还有就是关键日核心动作和平日日销的主要动作，以及孵化周期和相关注意事项，一定要认真听！"老王强调了认真的重要性。

"王总，平日有五天，周末节假日这样的关键销售日只有两天，为何您的表里关键日核心动作优先于平日日销动作呢？"

"因为关键销售日销售额往往是3~5倍，关键销售日是终端门店的生意发动机和核心引擎，有了关键销售日的爆发和高点，才会有更高的平销销售额基础，所以，我们将会在每个爬坡节点的运营提效分解中把关键日优先放在平日之前做拆解。"

笔者：在表6-1中"爬坡阶段"所示的"日均"是指月度日均，就是目标单品SKU的月度总销售额除以30天，分子是目标单品的总销售额，分母是当月的自然天数。

表6-1　30元的日销

爬坡阶段	门槛设定	"关键销售日"核心动作	"平日日销"主要动作	孵化周期	注意事项
日均0~30元	周末关键日需要至少卖到5~6瓶/支。在日常工作日至少要**"破零"**,也就是至少>1瓶/支	1.调整主货架黄金陈列面给到"主攻"产品SKU,将陈列面设定在"钻石区域Diamond Area" 2.在二级陈列地堆或者TG上设置**"小二楼"**,也就是促销陈列位置上的浮动陈列架或者陈列盒,用于新品的多点展示 3.有条件的通过公司资源直接配备周末临时促销员,暂时没有条件的通过经销商的支持来配备短促推广产品,必须集中精力,考核临促的指标,不要掺杂其他产品	调整主货架黄金陈列面给到"主攻"产品SKU,将陈列面设定在爆品旁边。如果有可能放在两个畅销爆品中间,将起到"中位保护"作用,陈列在两个爆品中间将有利于新品的充分曝光	1~2周	不要太关注和计较前面1~2周,甚至前3~4周的周末临时促销员ROI,这就是新品"从0到1"破冰启动的成本

一个"主攻"产品从冷启动的"零"销售稳步爬到30元的日销之后,也就代表着这个SKU的月销将达到第一个里程碑——"千元大关"!很多新品一个月都卖不到1000元。下个关卡是冲击3000元的月销,具体运营动作分解请看表6-2。

表6-2　冲击3000元的月销

爬坡阶段	门槛设定	"关键销售日"核心动作	"平日日销"主要动作	孵化周期	注意事项
日均30~100元	要做到平均销售额100元,意味着该店该单品SKU的月销量将突破3000元,这是重要的里程碑。相对应的周末关键日需要卖到15~20瓶/支。在日常平日至少要贡献2~3瓶/支的基础日销	1.除了主货架的"钻石陈列"区域突出之外,还要加上货架跳跳卡、货架框等醒目的POSM助销工具。 2.二级陈列方面需要0.3~0.5平方米的地堆陈列位置,并且陈列需要面向主通道人流动线 3.周末临时促销员不能停。不仅不能停,还要加强培训,基础产品知识培训之外的高效卖货话术需要进一步标准化打磨	和冷启动的动作一致,**持续调整和优化主货架黄金陈列**面给到"主攻"产品SKU,如果有条件可以将新品或主推品陈列摆放在两个及多个畅销爆品货架陈列面的中间,起到"中位保护"作用,有利于新品或主推品的充分曝光	1~2周	由于该目标"主攻"单品SKU已经突破3000元月销,可以不断提醒客户采购和门店主管这个产品的良好趋势,争取更多额外店内资源和关注

第二节　动作15：副攻产品组合运营提效

　　"进入副攻产品策略阶段，意味着产品经过前面几个时间阶段的孵化已经初步成熟，并已经在客户终端的后天系统中展现了成长趋势。这时候需要趁热打铁，通过DM海报的申请和露出将店内动销提速。"老王开始讲解副攻产品组合的运营动作。如表6-3所示。

表6-3　日销售额达到150元

爬坡阶段	门槛设定	"关键销售日"核心动作	"平日日销"主要动作	孵化周期	注意事项
日均100~150元	大多数SKU如果能够到达3000元/月之后就已初步被关注了，从此进入"副攻"策略阶段。每月的日均销售额要达到150元，关键日单店至少要卖25~30瓶/支/袋，日销也要实现4~5瓶/支	1.提报该SKU申请DM海报，通过海报坑位获得在周末节假日里更多的露出资源 2.二级陈列分配至少0.5平方米及以上的陈列面积，配合DM海报提升店内动销 3.继续加强促销员的培训和激励，提升关键销售的爆发高度 4.开始尝试"1元换购""积分换购"等店内促销资源位	在之前阶段的日常执行动作基础上，开始重视做好海报单品的陈列执行	3~4周	继续坚持周末临时促销员的投入，只有周末短促配合海报上刊，才可以最大化地提升店内单品单产

　　"当每日销售额达到150元，整个月份在该终端门店的单品销售额就很有希望站上5000元坎级上，下一步是继续爬坡，向7000~7500元的月销售区间发起努力！"老王的语速越来越快，小王不敢有丝毫的走神……如表6-4所示。

表6-4　7000~7500元的月销

爬坡阶段	门槛设定	关键销售日核心动作	平常日销主要动作	孵化周期	注意事项
日均150~250元	关键销售日要争取突破**50瓶/支大关**！同时工作日的平常日销要步入7~8支的销售额区间。整体目标产品的单店单月目标突破7000元	1.基础海报上刊要从一个季度安排一次增加到**每个月一次DM**，确保目标单品的露出加大 2.在周末和节假日的店内陈列资源中分配出至少1平方米二级陈列位置给到目标"副攻"产品SKU 3.开始增设促销员的阶梯提成，鼓励临时周末促销员冲击每天50瓶/支/袋大关	继续配合更高频率的海报露出，做好门店执行，同时开始申请客户门店的O2O到家分销，做好O2O基本运营。比如产品主图、价格信息和产品信息等基础运营动作	3~4周	O2O到家平台前期建议选择该门店效率最高的平台，比如京东到家等

"当然更挑战的销量爬坡将发生在下一个'坡段'——万元大关！"老王特别加重了"万元大关"四个字的语气。

表6-5　"万元大关"

爬坡阶段	门槛设定	关键销售日核心动作	平常日销主要动作	孵化周期	注意事项
日均250~333元	"万元大关"的里程碑大关，要达成这个里程碑必须在关键销售日至少做到65~70瓶/支的业绩，同时平常日要稳定爬上10瓶/支的坎肩	1.门店海报从每月一档的基础上提升海报级别，从常规海报坑位向"惊爆价"等海报放大资源位，**即提升海报坑位级别** 2.在关键销售日不仅增加店内的二级陈列面积（比如从1平方米到2~3平方米），同时增加门店主题促销陈列区位置和场外周末促销展位 3.销售经理和主管要带头在周末节假日等关键销售日和周末促销员们一起售卖，这样不仅可以提升动销，还可以让客户门店主管感受到厂家的重视，有机会得到更多的店内免费资源	1.O2O到家开始申请首坑、弹窗等促销资源位，从而提升日销的渠道宽度 2.开始考虑增加常规长期促销员，逐步替换成本较高的周末短期促销员	2~4周	要注意"万元大关"突破后的内外宣传和鼓励，从而争取得到更多的资源投入

"如果一个门店一个单品一个月卖10000元，就意味着这个单品在这个门

店相关品类的几百甚至上千个同类SKU中'杀'出来了！这个单品开始有一定的资格和底气可以和客户博弈和谈判了，从而可以获得更多的免费资源和支持。"老王特意停了停，在白板的空白处写了一个大大的数字——"10000"，继续说："小王，你今后要带领团队在实战中打出一个、两个、三个、更多个'万元单品'，'万元单品'越多，你和团队在客户门店里的话语权越大！要提醒你的是，当我们的单品爬坡到'万元大关'后就要开始从这个单品身上要利润了，毕竟我们帮公司挣钱才是根本！"

第三节 动作16：防守产品组合的运营提效

"刚刚讲到当产品突破'万元大关'后，我们就要逐步开始做策略上的转变——从'主动攻击'的'增长为先'策略转变为'主动防守'的'利润为先'策略！所以，接下来的三个产品发展阶段将围绕这个策略展开。"

防守产品策略的第一个爬坡阶段——从日销333元向日销600元的爬坡！如表6-6所示。

表6-6 从日销333元向日销600元的爬坡

爬坡阶段	门槛设定	关键销售日核心动作	平常日销主要动作	孵化周期	注意事项
日销333~600元	目标单品单店月销售接近20000元！关键销售日单品销售突破100单位，同时带动日常日销实现18~20瓶/支/袋的稳定销售额	1.主货架的陈列占比要匹配销量贡献，可以分配半组或者一组货架 2. O2O到家平台周末促销资源位露出 3.客户门店劳保团购部门的合作开启 4.临时促销员开始逐步转为长期促销员	主货架的陈列占比要匹配销量贡献，可以分配半组或者一组货架用于常规销售日的产品露出	6~12周	从万元门店向两万元店突破时，需要多渠道共振

防守产品策略的第二个爬坡阶段——从日销600元向日销1000元的爬坡！如表6-7所示。

表6-7 从日销600元向日销1000元的爬坡

爬坡阶段	门槛设定	关键销售日核心动作	平常日销主要动作	孵化周期	注意事项
600~1000元	单品单店月销售接近30000元！关键销售日单品销售至少须突破150瓶/支/袋，同时推动工作日的日常销售单位>30瓶/支	1.开始申请竞争客户门店的最高级别海报档期，比如印花DM坑位 2.O2O到家平台周末"云爆破" 3.客户门店外场主题活动，可以尝试10平方米以上的二级陈列露出 4.长期促销员能力持续提升，并增加劳保团购渠道的主动开发动作指导	做好门店端的完美执行之外，着重关注O2O到家平台、劳保特渠等渠道运营精细化提升，从而在保住"存量"的同时开拓"增量"生意机会点	9~18周	此阶段"防守"策略目标单品要尝试获取更多的免费资源，包括二级陈列等核心资源

防守产品策略的第三个爬坡阶段——从日销1000元向日销1500元的爬坡！如表6-8所示。

表6-8 从日销1000元向日销1500元的爬坡

爬坡阶段	门槛设定	关键销售日核心动作	平常日销主要动作	孵化周期	注意事项
1000~1500元	单品单店月销售接近50000元！该单品正式进入"超级单品"行列！关键销售日单品销售将步入230~250瓶/支的售出区间，日销也将被带动上升到50瓶/支	1.惊爆价和印花等DM放大坑位配合常规海报，保证每月至少一档的海报上刊的同时增加周末店促海报的露出频率 2.设定为厂商周、周年庆活动的主推单品，充分发挥高效率爆品在关键销售日的爆发力度 3.O2O到家平台的主题促销联动 4.逐步降低对于促销员的依赖性，开始尝试转向流动理货员，从而进一步节省成本	确保门店生意关联的各个渠道的精细化运营上台阶，尽可能通过日常运营提升来延长产品的生命周期，为公司和经销商创造更多的产品销售毛利	18~24周	利用"超级单品"带动更多的品牌共创联动，用明星单品带动更多"主攻"和"副攻"产品SKU的孵化和突破

章节至此，模块5的三个动作拆解完毕，通过图6-6再次帮大家复习一下重点。

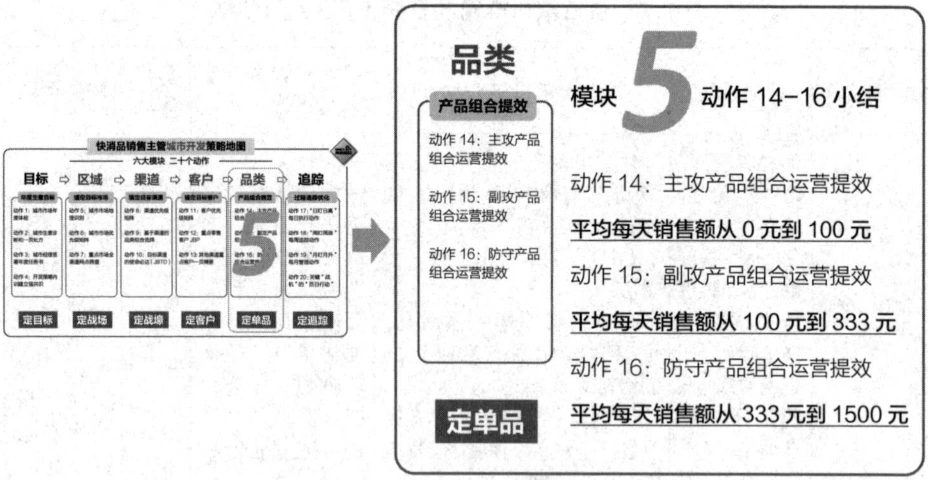

图 6-6　定单品的重点内容

第七章

模块6——追踪篇（定追踪）

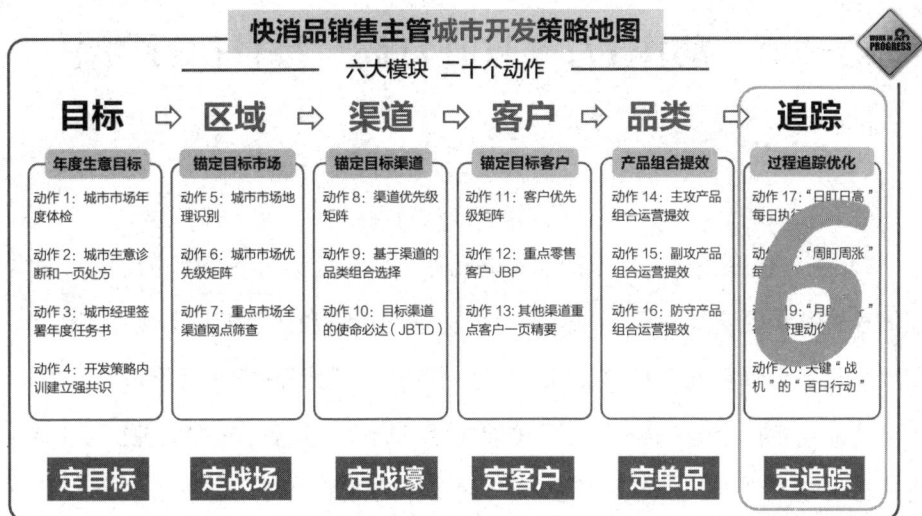

快消品销售主管城市开发策略地图

——— 六大模块　二十个动作 ———

目标 ⇨	区域 ⇨	渠道 ⇨	客户 ⇨	品类 ⇨	追踪
年度生意目标	**锚定目标市场**	**锚定目标渠道**	**锚定目标客户**	**产品组合提效**	**过程追踪优化**
动作1：城市市场年度体检	动作5：城市市场地理识别	动作8：渠道优先级矩阵	动作11：客户优先级矩阵	动作14：主攻产品组合运营提效	动作17："日盯日高"每日执行
动作2：城市生意诊断和一页处方	动作6：城市市场优先级矩阵	动作9：基于渠道的品类组合选择	动作12：重点零售客户JBP	动作15：副攻产品组合运营提效	动作19："月盯 管理动作
动作3：城市经理签署年度任务书	动作7：重点市场全渠道网点筛查	动作10：目标渠道的使命必达（JBTD）	动作13：其他渠道重点客户一页精要	动作16：防守产品组合运营提效	
动作4：开发策略内训建立强共识				动作20：关键"战机"的"百日行动"	
定目标	**定战场**	**定战壕**	**定客户**	**定单品**	**定追踪**

图7-1　定追踪

第一节　动作17："日盯日高"每日执行动作

"小王，谈完了以上三个产品策略动作，我相信你对整个城市市场开发体系的理解和掌握更加深入了，然而，要让这些策略和体系工具落实在工作中，需要每日、每周和每月的完美执行。为了确保基层团队的执行质量，开好上传下达、发布指令的'基层三会'（即晨会、周会和月会）非常关键！接下来，将通过'基层三会'教你如何从策略到动作的落地执行。首先是晨会！**不管生意模式怎么变，晨会依然是团队管理和业绩管理的核心落地方式，是每日完美执行闭环的核心保障，也是衡量城市经理主管对一线管理颗粒度的重要参考。"**

晨会这个看似简单基础的动作，却困扰着很多一线执行团队，一大早层层传达、层层开会、会越开越长、问题却越来越多。忙完一周走市场，却发现并没有落实到店。现实中，我们面临的低效晨会很多，大概有以下几种：

间歇性会议：今天有明天无，三天打鱼两天晒网，打乱了业务员日常工作秩序，让很多日常跟进虎头蛇尾。

为了开会而开会：走过场。经理要求，主管照做，拍照打卡，习惯养成，但会议质量并不高，久而久之，晨会对于业务员成为负担。

无固定流程：想到哪儿说到哪儿，这点主要是主管准备得不够充分，每日结束做好复盘，拎清重点，次日晨会才能有的放矢。

无时间控制：随意拖堂，一个问题扯来扯去，业务员黄金拜访时间都浪费了。特别是夏天，早上是业务员最舒服的拜访时间，一定确保会议效率。

主管"一言堂"：晨会变批评会、发泄会，上面不停讲，下面人照例听，感觉重点问题都讲到了，但却没有带出会议室，会议气氛越来越凝重，效果自然不好。

这些问题不解决，团队看起来很努力，但结果不尽如人意，时间久了，会议就断了，生意震荡越来越大，最终一线团队越来越不可控。

解决以上问题前，我们首先要搞清楚为什么要开晨会？

这源于我们一直提到的快消品销售的底层逻辑之一———一线管理要通过"算法驱动"（有兴趣可以参阅本书书后附件文章8《最好的渠道策略靠近算法远离人》），最终落实到每人每日跟进，**而晨会是一线团队确保业绩最小震荡幅度的最有效管理方式**，只有确保每日业绩最小幅震荡，业绩达成才是安全的、健康的、可持续的。

晨会作为我们每日的工作内容，是基础也是最重要的"核心功法"，颗粒度必须非常细，流程更加通畅，基本功更加扎实。这件简单枯燥的事，正是很多基层销售团队日积月累的成功秘诀，也是区域或城市经理主管养成勤总结勤复盘好习惯的开始。

既要把控时间，也需保证效果，亦要带来结果。会议的形式不论是线上还是线下，坐着还是站着，去掉形式后回归晨会的本质，有5点值得思考：

（1）营造检核督查的气氛

只有查了心里才有底，营造天天检核、天天过堂的氛围，才能让遥控变成现控；主管要用数据说话，及时回顾昨日达成以及今日计划，形成常规固定动作。

（2）缩短奖罚结算周期，提升奖励结果

让执行结果背上及时反馈的标签，催发主观能动性，激发战斗力。针对

各项奖励，需要及时更新数据，并且缩短发奖励的时间，有条件的每周发，最好能够每天发，促进业务员每天完成指标，拿到奖励。

（3）解决员工工作问题并给出具体的工作目标

业绩推动的关键动作，即解决市场问题、赋能团队；优秀案例要及时分享，不拘泥形式，简单口播几句亦可。

（4）培训演练提供员工方法和步骤

将臆想演变为实操，及时输出，让员工身临其境，感受解决问题的情景，以便实战时从容应对。

（5）早会必须对业绩有所推进

以终为始，早会的目的是对结果负责，聚焦目标才能使得早会更加高效。

当然，开好晨会不能立马"放羊"，只有晨会没有实地协同拜访的"放牧式"管理依然治标不治本，所以，"日盯日高"的同时还要做好协同拜访。

因系统众多，网点分散，以有限的人员覆盖诸多网点且做到有效管理是一大难点，频率固然重要，因为量变引起质变，但若能做到频率与高效相结合，必定事半功倍。

将客户及系统进行分层，结合存量、增量生意，匹配品牌节奏及自己的布局策略，按照紧急重要模型，因地制宜，因时制宜，结合当下的需求及迫切程度，从大局入手，拜访也可以打出自己的节奏感。主管定期协同拜访，帮助表现差的业务员提升销售技巧。观察表现好的同事，总结卖进及动销模型，从而帮助提升团队的整体水平。

除了高质量的晨会和系统拜访，每天我们离不开看似繁琐但缺一不可的内外事务处理！

销售每日有诸多内外部事务需要处理，例如，各类报表反馈、资源申请、项目的落地、政策的透传解答、新品的分销、网点的覆盖、采购的约谈等，大多数时候都在处理紧急但不重要的事情，往往忽视了重要但不紧急的工作。

好比我们需要挖一条笔直的隧道，过程中一直在缝缝补补，最后却发现挖出来的是"蚂蚁通道"，而非能让火车径直通过的笔直通道。这要求我们能够有效地对内外部事务分门别类，并在过程中保持坚定，按照优先级进行排序处理。要时刻有"要事优先"的意识，TOP3的KPI是什么？

业绩就是尊严，销售最重要的是搞定业绩，一切和业绩无关的事情都不重要。那么，和业绩相关的是什么呢？渠道开拓、单品分销、促销活动排档，至于仓库搬货，那是仓管需要做的事情，反馈报表是下班后或者文员帮忙反馈的事情，业务员就需要集中在业务上。

"小王，以上以日为单位的工作最终目标是什么？"老王有意识地通过问题突出重点。

"我想是完成每日的指标！"小王笃定地回答。

"很精准！'日盯日高'是为了'指标日清'！当日不管是业绩指标还是过程指标都要完成，因为第二天会有新的指标！"老王着重强调这四个字，每日工作完成清零这个动作伴随他很多年，完全是他的有感而发。

"要达成生意指标作为前线销售最重要的KPI，每天需要自己问自己以下几个问题。"

问题1：要备"什么货"？

问题2：备货"有没有钱"？

问题3：仓库"有没有"货？

问题4："能不能拿到"货？

【**问题1**】针对的是我们对于经销商库存管理的清晰程度，以及终端门店库存和动销的掌握程度，对于公司政策的完全解读，备什么货、该不该压货，需要对生意有非常清晰的认知。只有做到这个程度，才能确保三大产品策略组合的精准执行。

【问题2】针对的是对于经销商的财务清晰度、客户掌控度，以及资金高效运转的敏感度等多方的理解。分别对应经销商是否真的有钱，愿不愿意在你（品牌）身上花钱，这个节点备货压货是否符合高效运转的逻辑，以及生意的需要。这项工作如果没有得到重视，我们的主攻和副攻产品都不会发展，只依靠防守产品组合是没有明天的。

【问题3】针对的是对于内部货源的敏感度。防守型畅销品流转快，当这些单品释放促销政策时，总是众多渠道客户和经销商压货的首选产品，很容易造成库存不够的情况，我们是否提前沟通供应链部门报备增量需求。而主攻和部分副攻的趋势产品往往因周转相对较慢，通常不会多备货，应对突发需求时，往往货源很难满足，我们需关注好公司现有库存、生产计划、在途情况等多因素，从而应对有没有货的问题。

【问题4】针对的是有钱也不代表一定能够把货拿到手，下单的技巧也是需要掌握的内容：提前埋单抓住先机、邮件锁货占住发货货位、配额调配掌控配额额度、搞定超期超额申请财务放单等方面均是至关重要的。也就是说，产品售卖之前的内部链路一定要搞定，否则连孵化的机会都没有。

在晨会日会上，我们不仅要聚焦深度，更要聚焦方法，在高效晨会、协同拜访、内外事务、指标日清等4项工作大类上，纵向深挖，夯实基础。

第二节 动作18："周盯周涨"每周追踪动作

"小王，刚刚你应该感受到晨会、日会上我们更偏向关注要做什么事情、如何去做。在周会议上，我们首先需要做好项目追踪工作，检核大家是否有做，回顾做出来的结果及效果。其次，建立奖惩机制，奖励做得好的，惩罚不做及做得差的，营造比学赶超及检核督查的气氛，并100%落实执行。"讲完每日动作之后，老王开始讲每周的关键追踪动作。

一、项目追踪

分解到每周的维度回顾工作项目（比如"主攻"产品组合工作计划）情况，从时间线上既给了总部中台反馈和沟通的时间，也预留出空间让基层销售团队根据现状做好下一步计划。一般情况下，基层销售团队会有上级公司给的重点产品项目，也会有因地制宜的定制项目，以及落实到每个特定客户的推进项目。各种项目交织，使得基层团队在精力及能力上有时难以面面俱到，容易顾此失彼，的确十分考验前线销售的时间管理能力、综合统筹能力。

我们可以从第一性原理出发，在每周周会上，城市销售主管需要和团队厘清三件事：

A：需要做什么？

B：做成了什么样？

C：接下来的行动计划是什么？

（一）需要做什么

我们应该给出具备可落地的方案，对目标进行精准拆分，落实到个人，并且给出明确的时间要求，使得执行颗粒度可预见并可衡量。比如，公司要求的"主攻"产品SKU覆盖项目指令发布下来后，要和团队明确什么时间在哪些具体的网点由谁通过什么政策分销哪几款单品……用十六字打油诗来小结就是——"左手方案，右手政策，头顶奖励，脚踩追踪"，这样才能明明白白并稳步推进。

（二）做成了什么样

前线很多人员并不知道自己实际做成了什么样！

终端管理的复杂度可以从多维度来看——**客户数 × 渠道数 × 网点数 × 品类数 × SKU数**，这些复杂的数字之间是乘法的关系，而非加法。

如果在这个公式之上再套上更多的维度，比如，竞品和行业表现、线上和线下的结合，很可能升级成为立方的数学题。所以，从系统的角度来看，如果能够剥离对于单点要素的依赖，从而关注要素之间的连接关系，将团队多人的重复工作变成单线的高效工作，继而推动这套系统的自运行来解决这个问题。

比如，有专人负责数据的统筹反馈执行结果，告知哪个客户的哪些网点还差什么单品分销，并且确保数据的准确性，那么"前线作战团队"就有更多的时间聚焦在精准的生意发展行动上。

（三）接下来的行动计划是什么

可以分为两个板块：产生问题后的行动计划、策略性计划。

问题型计划：需要找到结点所在，首先定义问题，分析问题，大胆假设，小心求证，最终锁定问题，找到类似的共性点，模拟参考，制定可行性方案。

策略性计划：这需要更高维度的思考，要求对业务有更深的认知。对于能力偏弱的人员来说，直接给出针对性的行动建议会更加高效。

二、及时奖惩

对于工作的检核、业绩的排名、KPI的考核，在结果端进行回顾，做到及时反馈、及时奖惩。我们需要营造出检核督查的气氛，缩短奖罚结算的周期，提升奖励力度，从而推动业绩表现。

通过物质精神双重刺激，在意识层面进行长期的培育，驱动在执行层面的效果呈现。奖罚的过程中设置机制，要充分融入角色。比如，关于奖励，列出清单可以让团队投票选择，团队为了得到自己喜欢的奖励会更加努力。同时，负激励措施也让团队集思广益，比如，短期落后团队集体唱鼓舞人心的战歌或者集体云俯卧撑等。这样既做了考核，也提高了参与积极性。

三、决战周末

周末是人流的风口期、品牌的宣传期、销量的爆发期。我们可以采取农村包围城市，城市叠加成大城市的打法。大门店大系统是品牌的门面担当，是销量和声量贡献的绝佳阵地。此阵地赢，则会有"辐射效应"产生，周边甚至下沉市场会有连带反应，我们可以组织周末"爆破"活动，造势拉新，攻占流量营造势能。小门店小系统因其地域限制及流量限制，可以尝试周末常态化做好集中陈列，优化露出及小型促销活动，做消费者长期心智培育的关键动作，重在坚持与持续。在这里和大家重点强调一下，我们不一定每次只去生意占比大、门店面积大的头部店，要去人流量大的店，所以，前期的筛选非常重要。比如，现在人流量非常大的渠道、精品店、生鲜超市、商业综合体门店和新型折扣店等。

第三节　动作19："月盯月升"每月管理动作

日常工作中，监督好"每日的执行动作"，把控好"每周的追踪动作"，那么，在月度会议上，我们可以更多聚焦在"每月的管理动作"上，探讨方向是否正确，动作有没有变形，同时布局进一步的工作重点。

一、月度复盘

旨在回顾表现、奖惩当下、探寻机会及布局重点。月度会议的形式可以多样化，取决于开会的目的。会议前可以播放一段视频、歌曲，或者读书分享等，可以是励志、轻松、有价值或者有意义的。会议中可以准备好问题，并且多和团队互动想法。会议后及时把会议重点，以及跟进事项发给大家。

探寻增长：新政新户、渠道培育、覆盖谈判、分销指引、增量探寻。

维稳基石：人货场域——团队赋能、库存优化、终端打造、客情维护。

执行追踪：项目、渠道、品类、覆盖、单点卖力、市场份额、库存天数、终端动销的实际表现。

赏罚分明：做好排名，给予奖惩。培育团队的凝聚力，营造融入感与荣辱感。

生意进度：分解到每一位销售人员管辖范围内的总指标、分指标是否均已达成。

二、落到每店

除了看宏观的动作，在颗粒度最细的门店，需要有月度的表现结果呈现，沉下去落下来；以终为始，更要以小推大；门店是帮助产品链接消费者的载体，我们的生意就在一家家门店里。每一家门店改善的积累，逐步形成整个品牌在渠道的改变。所以，我们的生意需要落实到每一家店、每一组货架、每一个SKU、每一个货架标签。

特别是对于本书前文提到"主攻"产品组合销售额"爬坡"前期，必须要"死磕"每家店每个月的执行优化。每个优化细节的"颗粒度"一定要落实到主陈列、二级陈列、多点陈列、价格执行、促销执行、POSM执行等每一个"像素级"执行卡点！月复一月，当我们每月做好每个卡点"像素级"的执行优化，主推产品就会一步一步"茁壮成长"。

案例分享：这是某地级市市场的一家当地大超市渠道客户，作为一个多品类多品牌厂家，该厂家每个基层城市销售团队的每月执行"过堂"会议都是以每一家终端门店为追踪对象的，这个例子中三张图所呈现的就是每个品类执行的"像素级"追踪。

首先，这家举例门店中的沐浴露品类月度执行追踪，作为贡献此门店该厂家36%生意的第一大品类，除了月度基础销售额数据的对比分析，案例中通过直观的照片来反馈月度优化结果——2月对比1月增加了某子品牌的主货架陈列面，并显著加强了二级陈列的POSM露出。对于一线执行的基层销售员工而言，日常执行一个成熟核心门店的核心品类，哪怕只是微小的"一个"陈列面位（Display Facing）的优化都是值得肯定的改善和进步。如图7-2所示。

销量占比：36%　　**执行描述**：二级售出力士和多芬有明显增长,清扬浴露小幅度提升,其他持平

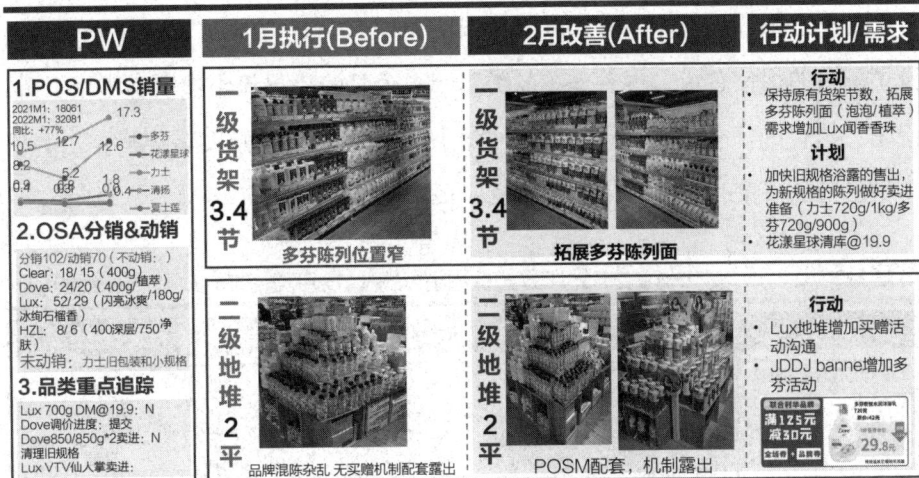

PW	1月执行(Before)	2月改善(After)	行动计划/需求
1.POS/DMS销量 2021M1: 18061 2022M1: 32081 同比: +77% 10.5　12.7　12.6 多芬 　　　　　 花漾星球 9.2　5.2　4.8 力士 0.9　0.9　0.4 清扬 　　　　　 夏士莲 17.3 **2.OSA分销&动销** 分销102/动销70 (不动销:) Clear: 18/15 (400g 植萃) Dove: 24/20 (400g) Lux: 52/29 (闪亮冰爽/180g/冰绸石榴香) HZL: 8/6 (400深层/750 净肤) 未动销: 力士旧包装和小规格 **3.品类重点追踪** Lux 700g DM@19.9: N Dove调价进度: 提交 Dove850/850g²卖进: N 清理旧规格 Lux VTV仙人掌卖进:	一级货架 3.4节 多芬陈列位置窄	一级货架 3.4节 拓展多芬陈列面	**行动** • 保持原有货架节数,拓展多芬陈列面(泡泡/植萃) • 需求增加Lux闻香香珠 **计划** • 加快旧规格浴露的售出,为新规格的陈列做好卖进准备(力士720g/1kg/多芬720g/900g) • 花漾星球清库@19.9
	二级地堆 2平 品牌混陈杂乱 无买赠机制配套露出	二级地堆 2平 POSM配套, 机制露出	**行动** • Lux地堆增加买赠活动沟通 • JDDJ banne增加多芬活动

图7-2　沐浴露品类月度执行追踪

其次，这家举例门店中第二大生意来源洗发水品类的月度追踪，除了POS数据的分析，陈列面和价格执行数据同样非常详细。主陈列方面对比上个月增加了一个陈列面，二级地堆在维持两平方米面积的前提下增加了更多的特价促销，从而推动了核心品牌的二级售出快速增长。如图7-3所示。

销量占比：32%　**执行描述**：二级售出力士和清扬有明显增长,高端线因短促取消销量下跌

HAIR	1月执行(Before)	2月改善(After)	行动计划/需求
1.POS/DMS销量 2021M1: 17135 2022M1: 28593　11.5 多芬 同比: +66% 8.0　7.4　9.9 花漾 3.4　　4.8 力士 1.3　2.4 清扬 　　　　夏士莲 **2.OSA分销&动销** 分销112/动销82 (不动销:) Clear: 47/38 (清扬175g) Dove: 24/14 (多芬175g/200g/470g) Lux: 23/14 (200g 花漾系列) HZL: 18/16 (175g) 未动销: 多芬力士小规格, 多芬470下降明显 **3.品类重点追踪** Clear650售价: 49.8 Clear劲能卖进SKU数: 0 Lux750售价: 44.8 Dove700售价: 54	一级货架 2.5节 一级原陈列问题描述	一级货架 2.5节 动销快的单品增加一个面	**行动** 保持原有货架节数基础上,对于出货量进行了调整,扩大一个面增加露出机会。(多芬旧包装/清扬早晚系列) **计划** • 线上增加O2O的宣传POSM • 尝试在门店主页上增加Banner
	二级地堆 2平 二级陈列单品特价少	二级地堆 2平 增加二级陈列单品活动力度加快动销	**行动** • 保证常规发水2m²地堆情况下,多做动销差的单品活动特价 **计划** • 提报多芬发水DM(400+380)洗护套/多芬700ml

图7-3　洗发水品类的月度追踪

最后，第三张图片来自对"洗衣护衣"品类的追踪分析，一方面，通过2月的新品上架带动整体主货架多了5个陈列面位；另一方面，在二级陈列上增设了醒目的促销台卡，尽管这个品类对于上个月的POS售出数据有小幅下滑，但是，执行的优化和进步会让当地销售团队对后续的生意发展充满信心，坚持做正确的事情一定会有正向的生意回报。

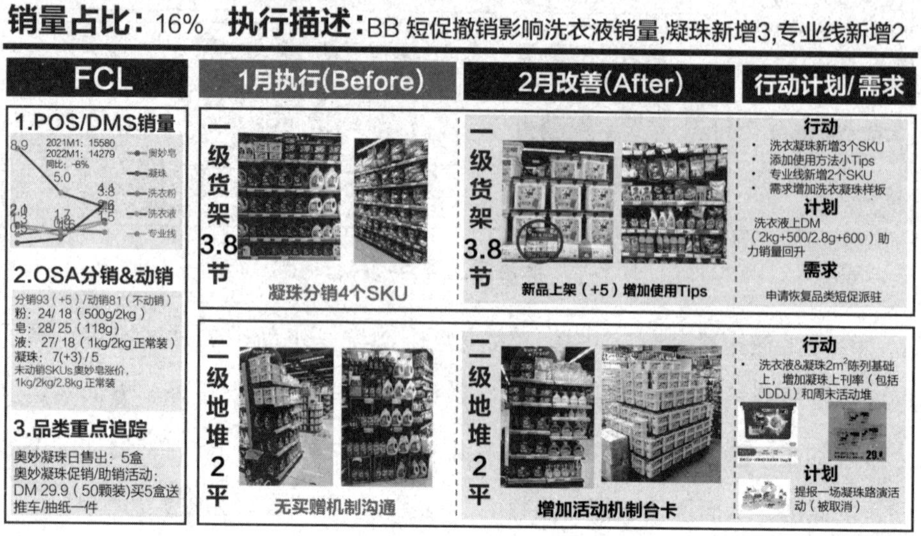

图7-4　洗衣护衣品类的月度追踪

笔者：这个案例系笔者服务的某头部日化品牌每月执行追踪会议的几页幻灯片内容，幻灯片所涉及格式和内容均为笔者设计和填写，非公司内部资料，仅供举例演练使用，敬请理解。

三、上传下达

月度回顾之后，更重要的是清晰地确定下一个月的工作重点及详细的执行计划。将最新的产品策略和相关政策进行解读拆分，通过系统性的提炼汇总后，输出到执行层销售人员，提前做好预备工作。

　　"综上所述，从执行到追踪到管理，由浅入深，从微观到宏观，无不展示出'基层三会'是同时具备深度、宽度和高度的重要'作战'会场，希望我们能够拥有全域的思维、广域的视角，同时，脑心手一体，既能看到未来，也能沉下去，并且落下来。小王，你听懂了吗？"

　　"感谢王总，您的讲解非常详细。您看，我的笔记本记得满满当当的！"小王满脸兴奋地回答着老王的提问。

第四节 动作20：关键"战机"的"百日行动"

"王总，我听说您平时喜欢看书，是不是看的都是营销专业相关的书，有什么书可以推荐给我这样的销售小白作入门学习的呢？"小王的学习欲望很强烈。

"的确，我平时闲暇时间喜欢看看书，但是不仅仅是专业书籍，我比较喜欢看兵法。其实不怕你笑话，我也一直有小小的研究。对快消品销售人而言，《孙子兵法》作为讲解打仗最基本战略原则和最基本战术要点的大道至简之作，对我们的生意发展有很多启发。"

"其实《孙子兵法》不是战法，是不战之法！不是战胜之法，而是不败之法！不是以少胜多的方法，而是以多胜少，集中优势兵力进行饱和攻击的必胜之法！著名广告人华杉先生有一段总结特别好。《孙子兵法》的核心思想是两个'不'——'不战'和'不败'。"

"不战"有三个层次的意义：

第一层意义：面对竞争对手，打不赢就不要打，如果你评估当下打不赢主要竞争品牌，那就"不战"。

第二层意义：面对你想打败的竞争对手，有可能打得赢，但是付出的代价很大，那就是当下你打不起这场仗，也"不战"。

第三层意义：面对你的对手，你既打得赢也打得起，但是继续等待先不打，等对手犯错，这种"不战而屈人之兵"是最经济的战斗，所以也可"不战"！

说了"不战"，那什么叫"不败"呢？

《孙子兵法》告诉快消品销售人不要总是去追求胜利和打败别人，而是先要追求不败！不要总是以胜利为目标，而是要以不败为目标！

"小王，用大白话总结就是，我们作为一个区域或者一个城市的经理和主管，不要贸然'引战'去挑起战斗，而是要等待和忍耐，等待'战机'的到来，特别是等待'大战机'的到来！在市场机会没有到来之前，不要打！你带领大家一定要做一个等得起的团队，不要有任何的侥幸心理，一定要找到对手的破绽和市场的大机会，确定好时机已到，必须要调动一切可以调动的资源全力出击！"老王谈到兵法，兴致更浓了……

"与其说我们讲的这套《快消品销售主管城市开发策略体系》包含的六大模块二十个动作是方法论、工具箱，倒不如说是我们负责一个城市市场销售的'底限'或'下限'。这套方法论可以帮助我们相对专业地发布体系化的指令，但是这只是一个区域、一个城市市场的基本面和底限思维，因为讲到现在的所有动作都是城市经理主管带领团队应该做到的！"如图7-5所示。

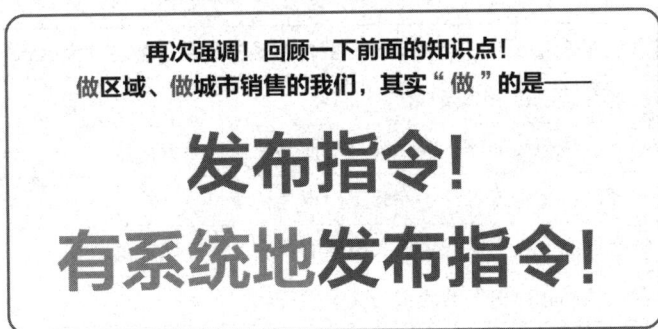

再次强调！回顾一下前面的知识点！
做区域、做城市销售的我们，其实"做"的是——

发布指令！
有系统地发布指令！

图7-5 发布指令

"而一个城市市场生意发展的上限是什么？是超预期增长！只有当'大战机'出现时，我们才有机会抓住它实现超预期增长，而这个超预期增长就是我们的生意上限！"如图7-6所示。

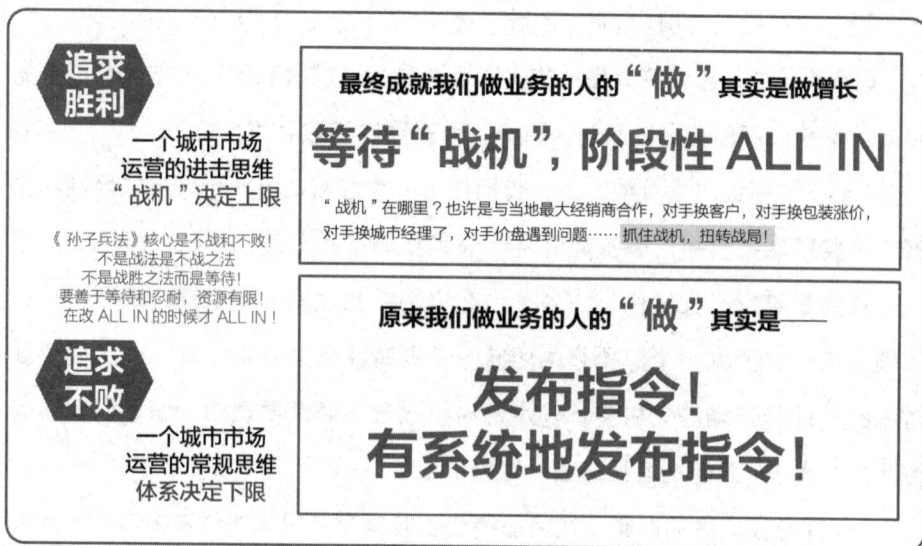

图7-6 生意上限

当我们的主要竞争对手出现以下情况时，请集中时间、精力做针对性分析，也许这就是"大机会"即将到来的信号，如表7-1所示。

表7-1 分析是否存在"大战机"

主要竞争对手发生如下变动时，我们需要分析是否存在"大战机"	
情况1	核心产品线涨价10%及以上
情况2	核心产品线包装显著升级，甚至更换品牌或者品牌色
情况3	经销商网络重构或者经销商政策出现大转变
情况4	核心经销商老板易主或者长久服务的合伙人或经理人离职
情况5	产品质量问题所引发的严重公关危机
情况6	销售团队"一号位"人物（城市经理或者主管）离职或升迁别处
情况7	最核心下游客户客情出现重大危机
情况8	核心产品线价盘击穿，影响至少延续三个月及以上
情况9	核心产品线由于原材料等不可抗力导致产能严重不足
情况10	相关最新政策指令和行业监管影响导致的黑天鹅事件

"小王，一旦遇到以上10种情况的一种甚至一种以上，都值得我们快速

集结力量针对性地分析和思考。我在过去的20多年一线实战中遇到过很多类似的突发事件，但是大多数都被我们错过了。现在回想起来追悔莫及，但是你要知道这个市场永远在动态变化，很多机会正在接近和发生着，关键在于我们是否主动去思考、去挖掘、去识别！"

"王总，如果当机会出现了，我们应该采取哪些行动呢？"

"机会稍纵即逝，所以，我们要在快速确认识别后做到快速反应、快速行动！我比较习惯以'100天计划'作为一个时间刻度来做计划，通过一个敏捷高效率的'百日计划'有层次、有步骤地实现'定向饱和攻击'！

我们针对'大战机'制订的'百日计划'其实是一个逻辑，就是要在极短的三个月时间里调集所有人力、物力、财力和自己的精力对目标机会进行全面'进攻'性运营，只有在这一百天里忘我地全身心投入，才能实现超预期的市场突破和业绩增长！"

"小王，我有时回顾和复盘我过往销售工作的一些闪光案例，总是发现一个共同点——在一段时间内，每天高强度且不停歇地做计划、做调整、做优化、做执行，往往都能带来市场的超预期增长和突破。因为我们在对的时间、对的渠道、对的机会上付出了超过竞争对手双倍甚至数倍的精力和努力，我们没有理由不赢！而且赢得都很酣畅、很极致！"老王越说越兴奋，小王也许已经看出来这种兴奋感的源头——**热爱可抵岁月漫长，一代一代快消人对于销售工作的热忱才是这个行业最大的源动力！**

至此，"快消品销售主管城市开发策略"六大模块的最后一个模块——"定追踪"相关内容的四个动作解析完毕。其实，四个动作中的前三个更多是追踪动作，而第四个动作是基于日常对工作每一个执行卡点紧盯而产生的机会识别，从而对机会的进一步放大和运营，机会永远留给有准备的人。确切地说，机会永远留给对工作充满热情的基层快消人！如图7-7所示。

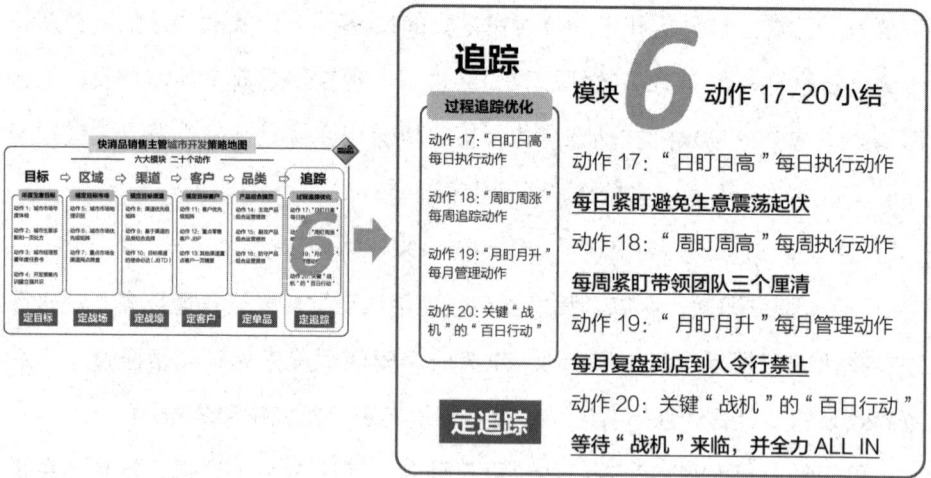

图7-7　定追踪的重点内容

第八章

总结篇：小王毕业出师啦

第一节　小王未来的发展路径

"小王，我们一起将《快消品销售主管城市开发策略》涵盖的六大模块和二十个动作全部拆解完毕啦！讲完这个系统之后，你也算是毕业出师啦！面对真刀真枪的生意环境和高度激烈的市场竞争，未来会有很多的挑战、困难，甚至打击等待着你，但是希望你坚信专业的力量，打起200%的精气神来将这套城市开发策略体系扎扎实实落地到每日工作中。"老王一边鼓励，一边拿起桌上的毕业证书，充满仪式感地颁发到小王手中，证书上金灿灿的一行大字特别显眼——"城市开发未来之星"。

同时嘱咐："你就是未来！为了让你的生意悟性和实战经验能够持续进步和积累，我把《快消品销售主管城市开发体系》六大模块的二十个动作依次制定了一个为期24周的落地日程表。希望你每一周都严格按照这个日程表中对应的模块和动作编号来打磨自己的实战能力！要始终牢记，书本体系再完美也仅仅是工具，只有通过实战的不断实践和磨炼才能熟能生巧、融会贯通。"如表8-1所示。

表8-1　快消品销售新人24周城市开发实战日程表

模　块		六　定	周　数	动作编号	任务描述
模块1	目标篇	定目标	第1周	动作1	城市市场年度体检
			第2周	动作2	城市生意诊断及计划
			第3周	动作3	城市经理或主管签署年度任务书
			第4周	动作4	开发策略内训建立强共识

续表

模 块		六 定	周 数	动作编号	任务描述
模块2	区域篇	定战场	第5周	动作5	城市市场地理识别
			第6周	动作6	城市市场优先级矩阵
			第7周	动作7	重点市场全渠道网点筛查
模块3	渠道篇	定战壕	第8周	动作8	渠道优先级矩阵
			第9周	动作9	基于渠道的品类组合选择
			第10周		
			第11周	动作10	目标渠道的使命必达（JBTD）
			第12周		
			第13周		
模块4	客户篇	定客户	第14周	动作11	客户优先级矩阵
			第15周	动作12	重点零售客户JBP
			第16周		
			第17周	动作13	非零售客户的一页精要管理方法
模块5	品类篇	定单品	第18周	动作14	主攻产品组合运营提效
			第19周	动作15	副攻产品组合运营提效
			第20周	动作16	防守产品组合运营提效
模块6	追踪篇	定追踪	第21周	动作17	"日盯日高"每日执行动作
			第22周	动作18	"周盯周涨"每周追踪动作
			第23周	动作19	"月盯月升"每月管理动作
			第24周	动作20	关键"战机"的"百日行动"

这不仅仅是一张日程表，也是每一个小王这样的年轻快消品销售人的发展路径，因为生意发展的同时个人也在发展。正因为每年有无数个类似小王这样的年轻人加入，快消品行业才能持久地兴旺红火！

其实，这个发展路径不仅适合年轻的小王们，也适合看似年长资深的老王们、老张们、老李们，行业一直在变，"快消品城市市场开发"这项系统工程也值得老王这样的"快消老人"重新做一遍！

第二节 今天就是全新的开始

很明显，小王的工作热情已经被老王彻底点燃了："王总，感谢您手把手地培训这一整套的系统方法论，我已经迫不及待地想立即投入城市开发的实战工作中了！"

"小王，非常理解你的迫切心情，在即将进入市场之前，除了系统性的工具方法，我最后还有一些心理建设方面的建议。十六个字的临别赠言送给你，希望在你今后的24周时间里能够时刻牢记——**精力充沛、情绪稳定、细节精进、热忱担当**！"如图8-1所示。

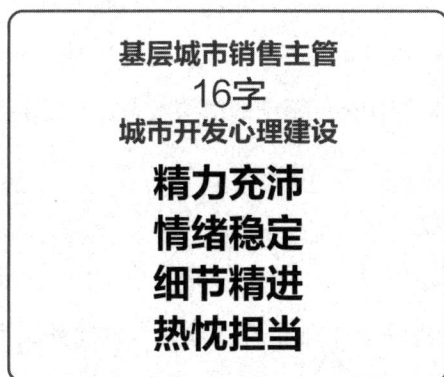

图8-1 十六个字的临别赠言

（1）关于精力充沛

"基层城市销售主管工作是个'脑力活'也是个'体力活'，但是归根到底是一个'苦力活'，没有脑力不可怕，没有体力最无奈，因为脑力也是要体力来支撑的。很多基层城市市场每天出现的问题和卡点大多数时候不仅费力还糟心，没有充沛的精力很难高效率地处理这些必须要解决的'小事'和'琐事'，所以，不管多忙一定要早点睡觉。优质的睡眠会让白天的精力超级充足！不要小看睡觉这件事情，对于很多城市销售主管而言，这是一个很难做到的事情。太多的客户应酬、太多的低效率沟通、太多的生活不自律和晚上过多的休闲娱乐都会导致熬夜常态化，请减少甚至停止以上行为，直白点讲，早点睡觉一定比晚上加班重要！"

（2）关于情绪稳定

"快消品城市市场开发和管理工作其实并不需要很高的智商，城市主管需要的是情绪稳定，需要有独立思考的能力，需要根据当地市场发生的生意事实推理得出结论并采取行动。也不用看别人和同行怎么说、怎么认为，只需要依据生意的事实和数据来做独立判断。千万不能情绪化，要做一个情绪稳定的职业城市销售负责人。在日常工作中，我们一定会高频遇到来自内外各方面的挑战，当客户、经销商或者团队成员反对我们的看法时，不要只想着如何反驳甚至恼怒，要看事实究竟是什么，平稳的情绪状态比高智商重要得多。"

（3）关于细节精进

"快消品销售人入行门槛低，后续发展全靠能力，如何衡量一个销售人的能力高低呢？没有标准答案，只能通过对大多数优秀城市经理人的总结和观察得出他们的相同点——拥有'做小事'的细节工作能力。销售工作看似简单，但是整个流程链路中存在非常多的关键卡点，而对这些卡点的认知和管理需要大量的实践来'磨'！如果一个城市销售主管或者办事处主任总是以'管理者'和'领导者'的心态自居，很容易远离甚至脱离这些关键的事务性卡点，而这些细节的卡点正是每个渠道、每个业务模块、每个客户组合、每个产品孵化的核心工作内容。因此，少点'管理'思维，时刻保持'做小事'的心态去'抠细节'，抠得越频、越细、越精，你的能力就会越强，至少你的下属和客户根本骗不了你！"

（4）关于热忱担当

"一开始入行做销售一定会有新鲜感，但是，很快纷至沓来的打击和拒绝会让新鲜感变成更多的挫折感。做基层城市市场的销售工作，每天要处理的杂事、烦事很多，如果对销售这份工作没有热情很难持久。只是为了一份薪水而做工作其实很累，体累，心更累！唯有热忱才抵岁月漫长！'负责任'和'担肩膀'不是自然而来的，而是需要培养的！'苦哈哈'的打工心态培养不出担当和责任，只有从心底油然而生的热情才能让责任和担当成为一种习惯，一种不需要调动忍耐力和毅力去坚持的自动自发。"

"小王，以上'十六字心理建设'不是书本里的大道理，是我这样的普通基层快消经理管区域、管城市、管团队、管客户这么多年的切身体会和深刻总结。不要相信'听过很多道理依然过不好这一生'这类的网络负面'金句'。往往那些看似轻飘飘的只言片语才能像锤子一样重重地砸在我们的心坎。只有这样，才能潜移默化地对我们形成心理的正向引导，从而影响你、改变你！做基层城市市场的销售人都具有普通人都有的'惰性'，牢记这关于城市销售主管的'十六字心理建设'，你就会慢慢养成可以持之以恒的心理认知和行为习惯！这个习惯不仅对于工作，对于生活也是有好处的。好好加油干！今天就是全新的开始！"

对！今天就是我们全新的开始！

附　录

1 警惕业绩伪增长！

对于广大快消品销售人而言，每天都在问自己一个问题。

增长究竟是什么？

是将资源投入使用并获取的一种方式。

套用这个底层逻辑，如果资源投入效率最高的渠道，业绩增长应该相对也是最快的。

没错！在大众快消品这个"爆品为王"的快速重复周转的行业里，这是做业绩最快的方式。

也错！在大众快消品这个"爆品为王"的快速重复周转的行业里，也是做生意最慢的方式。

"业绩"一般是为了交差！"生意"大部分是为了发展！

前者为了短期达标，怎么快速、怎么方便怎么来；后者为了长期发展，不仅现在要做好，更要持久。

在新零售渠道和线上线下平台不断迭代和裂变，能够短期内完成指标和任务的方法很多，如果认真罗列起来，我们可以和大家罗列出100种完成指标的方法，然而，这些方法都有一个共同抓手——逮住爆品拼命比价。

伴随着渠道高速迭代和持续碎片化，快消品的"进货"和"出货"渠道从未像现在如此的多元、多维和拥挤！一方面，拥挤带来繁荣的增长机会；另一方面，也暗中夹杂着很多混乱踩踏的风险。

线上线下全域范围内正出现越来越多的卖货平台，然而，大多数平台售卖的产品却极其类似和相同。当中，**越是新平台越要流量和GMV活下来，而活下来最保险的方式是选择标品中的爆品，这样就导致各厂家成熟核心爆品的竞价空前无序化和白热化。**

无序化是不断打破渠道边界野蛮竞争，明处、暗处、前台、后台各种贴补扑朔迷离看不清。**白热化**是不断击穿平衡状态下的价盘，不管明天后天，先保住今天能够赢得这个大单。

对于厂家和经销商，换来的是什么？**表面的业绩在增长，里子的情况在恶化！**价盘没有最低只有更低，当所有的平台都在疯狂竞争和杀价的同时，品牌商核心爆品的生命周期就会加速度缩短，也许短时间可以通过换规格、错规格、加规格和新规格来缓解，但长时间会逐步走进死胡同。

怎么办？三步照着办！

第一步：识别。

一定要清晰地识别出哪些增长是低质量的"伪增长"。批发渠道的大单增长、不知去向的劳保增长、线下货品在某多上翻增长、异地来回窜货的增长、新渠道低价供货的增长……这些增长来得快去得也快。还记得风光的零售通和新通路吗？还想得起橙心优选的地推路演吗？还找得到当年跟你对接的叮咚买菜采购吗……昨天的他们又是今天的谁？

第二步：转移。

大单达标一时爽，"一直大单一直爽"！大概率情况是业绩指标无法一次性或在短时间内合理合规，需要逐步转移和逐步切换，**老老实实做本地市场应该做的生意和努力，逐步降低大单的比例，聚焦核心渠道去抢份额夯根基，**这是根本，最起码不会给自己挖坑。

第三步：嫁接。

嫁接的目的是什么？将不良性不持久的大单业绩良性化，简单地说就是"业绩从良"。既然享受到了新零售快渠道的"爽"感，就好好地待在这个渠道、这个平台把生意做起来。从研究这个平台的消费者画像和货品逻辑两个关键点切入，前者是为了精准选品，后者是为了货品提效。做好这两个关键动作，就能把以往用价格和贴补换来的平台地盘"松土换种"，一个目的就是嫁接出真正To C的持久销量。

看到这里，也许你会问："三步做完，咱包熟吗？"你说呢？你天天摸鱼，想看一篇千字文章就会了？不可能。

可能的是你耐住性子看完这篇千字短文后，已经开始警惕"伪增长"了，因为这些伪销量终究会有被摘下面具的那一天。

2 为什么传统线下经销商很少能做好电商?

很多经销商伙伴跟我说电商不好做,太难了!

他们都已经在传统线下做得很成功了,年销售过三亿元、五亿元甚至十亿元的销售额结果证明了实力和能力,他们也很努力地学习、尝试和运营,但总是突破不了销量瓶颈、运营卡点和利润黑洞。

为什么?其实线上和线下有很多不同,需要传统的线下经销商在向上"触电"做电商之前好好思考和自我对照。

一不同:线下的角色你是供货商,线上的角色你可是零售商。

二不同:线下你的经营策略多年不变,线上你的经营策略一年多变。

三不同:线下经销商老板掌控一切,线上经销商老板掌控有限。

四不同:线下你的经营动作不可视,线上你的经营动作很透明。

五不同:线下先店后品,线上是先品后店。

六不同:线下的竞争环境相对不变,线上的竞争环境是一直在变。

(1)一不同:线下的角色你是供货商,线上的角色你可是零售商

你充当的角色不是一个To B的线下供货经销商,而是一个To C的线上零售店。你在线下作为供货商只要和厂家团队一起做好卖进和辅助销售,真正的卖出动作是下游的零售商做出的,作为零售商,他们最大的KPI是客流运营,线下的人流一直下滑,你作为供货商经销商其实很多时候无能为力,可是对你的影响是间接的。

但是，线上开店扮演的角色可就是零售商了，你不仅要负责选品，还要负责人流运营，流量的运维就已经让大多数线下思维的经销商老板们望而止步。

（2）二不同：线下你的经营策略多年不变，线上你的经营策略一年多变

线下再怎么"卷"，都比已经卷成麻花的线上运营环境好得多。线下覆盖的下游渠道，卖货逻辑和运营链路多年来基本没变化，但是线上的平台规则却是一直在变，从来没有停止过。

线下经销商老板多年来一套打法可以打天下，但是向上"触电"需要有心理准备应对平台的不断变化。毕竟线下门店的地理位置、覆盖人群和客户运营都是固化的，而线上都是相反的——虚拟网店面向全国、人群流量高低起伏、平台运营规则总是要不断应对和调整。电商平台的变化太快，生意的速度更快，不能用一个固化手法做生意，所以开店要三思。

（3）三不同：线下经销商老板掌控一切，线上经销商老板掌控有限

线下的经销商代理生意运营了这么多年，大多数经销商老板对于前端门店运营和后端供应链了如指掌，即使平时不怎么盯生意，整体的下单、入库、仓配、出货、服务和回款也都能掌控在手中。

但是，在线上做一个零售店老板，面对的生意复杂程度更高。很多老板因为不熟悉运营，往往交给职业经理人或者第三方代运营操作，结果很容易疏离电商的核心技术，被运营反控制，从而逐步失去对于生意的掌控力。即使你对后链路很专业、强把控，但是运营能力才是线上生意做好的前提。

（4）四不同：线下你的经营动作不可视，线上你的经营动作很透明

我多年在南区接触的线下经销商普遍的节奏都比较慢，大大小小经销商的老板的办公室摆着茶台，喝茶谈事云淡风轻，他们不用琢磨上海和沈阳的同品牌经销商在做什么，只需要盯牢自己的一亩三分地。

电商完全不同，每个电商都可以通过后台商家系统数据分析到自己和竞争对手店铺的动作，对手今天上了什么主图、什么价格、用了什么关键词、补了多少单……线上你的经营动作很透明，相对比你在线下的运营动作，没有太多人关心。即使关心，也无法通过跨地理跨时空查看到你的数据和动作。所以，做电商的经销商总是缺乏安全感，而线下经销商的你们其实幸福感更多。

（5）五不同：线下先门店后产品，线上是先产品后店铺

不管是老门店维护，还是新门店开拓，线下经销商都是先搞定店再搞定品。但是线上是倒过来的，如果你的店铺里没有爆品，你的店铺是没有流量的。看清这个不同，经销商老板们的理念就需要升级！

线下经销商老板更加注重关系和客情，能够把代理经销的货品成功卖进零售店是他的第一要务，剩下的事情可以交给团队和厂家销售代表。线上就不一样了，作为老板，你需要亲力亲为，选好品并"打爆"。如果没有好的爆品，开店的那一刻就是闭店的倒计时，即使开很多线上店铺，没有能够打出来的爆品也是徒劳无功……

（6）六不同：线下的竞争环境相对不变，线上的竞争环境是一直在变

线下的竞争是局部的，线上的竞争是全国的！平时大家总是抱怨价格乱，然而再怎么乱，也就是和本地最多本省的有限范围内的客户竞争（不要说很多价格全国冲，你的市场如果一直被全国冲，那么你的体量和利润也用不着担忧了），和电商一比就是小巫见大巫。

电商是实时动态全国比价格，你面临的价格竞争对手不仅是百里之内的苏州，还有千里之外的北京，甚至万里之外的乌鲁木齐。对比线下竞价的影响周期和波长，线上的竞争更加直接和迅速，你做好这个心理准备了吗？很多电商经销商内心的焦虑感远远大过于线下经销商。

阅读完我罗列的六大不同之后，相信很多传统经销商向上"触电"的热情被浇灭了一大半，但是大可不必，主动学习、试错、总结和躬身入局都是逐步突破的开始！

今天再晚也是早，明天再早也是晚！如果你真心想从线下走到线上，从现在开始尝试就是眼下最好的选择！

线下经销商也不用太纠结甚至妄自菲薄，其实线上电商做得好的经销商往线下走同样是千难万阻，换了一个场景，线上经销商也是一头雾水，他们做线下生意的苦水和牢骚比你们还要多。

做好自己线下的优势生意，逐步扩展线上的新兴领域也许才是传统线下经销商"触电"的正确打开方式。

3 无论环境如何变，管理思路不能偏

伴随暑期营销档期的结束，2023年前三季度的生意即将尘埃落定。这三个季度的市场变化着实让许多经销商老板有点摸不着头脑。

这八个月，不仅有近几年最高人次的暑期出行热度不下，还有零食折扣店野性圈地的扩张厮杀，还有渠道下沉、价格下探消费者的短暂狂热，更有传统渠道大卖场被逼无奈的落寞退局。

品类的厮杀，渠道的洗牌，同行的竞争，现实的市场现状比电影里的故事情节更加扑朔迷离。显然，这一切给按部就班经营了二三十年的传统经销商带来了新的市场挑战！

挑战1：渠道碎片化和消费分层让品类拓展，尤其是新品类拓展难度增加。

挑战2：新渠道带来的价格冲击倒逼传统零售被迫应战。

挑战3：单一品牌以厂家为主导的经销商体系越做越艰难。

这时候，品类深度、渠道活力、数字化程度和内部运营效率，都将成为经销商老板们立足当下，并继续深耕未来的核心竞争力。

想想接下来要往哪里走这个很虚但是又很切实问题。无论环境如何变，管理思路不能偏。

如何做？建议从以下三个方面入手：

（1）第一方面：疏通基本面，稳大盘

经销布局：2023年是厂家间竞争异常激烈一年。消费越来越追求性价比，

头部品牌继续抢夺份额，而长尾品牌的生存越来越艰难。经销商过往几年通过大品牌引流，小品牌赚毛利的打法，突然不奏效了。新渠道的发展，也进一步推动标品下沉，转化为品牌渗透率，进一步加速头部品牌拓展，而小品牌单靠经销商推力举步维艰。这样的大背景下，经销商要好好梳理经销品牌布局，单一品牌很难生存，但过度冗杂的品牌组合也会成为累赘。在管理能力范围内，手握优质品牌资源，才能做到心中不慌。

业务提效：分厂家业务和自有业务，这两年随着渠道变化，一线业务的工作效率普遍不高，背后更是困难重重。传统小店拜访难、店数多、产出低、价格稳定性差，新业务员不愿意做；中小批发价格影响大、人员老化、新人难介入、覆盖率低；大卖场又面临着价格和人流下滑的双重掣肘，谈判难度高。这都要求我们的业务团队，不仅要保持较高的专业度，更要保持对市场的时刻关注和不断学习的热情。经销商老板要从拜访、激活、日常管理等方面，做好一线的辅导、赋能和提效。

网点活跃度：这半年，我们肉眼可见的网点迭代不断加速。一方面，传统渠道低效网点被淘汰：没空调的、离得远的、位置偏的、国道旁的、工厂边的、老城区的、杂货铺式的、"老破小"正以惊人的速度消失；另一方面，本地便利店、零食店、水果店、社区店、校园店等多个小渠道，也在加速布局。环境更好了，定位更精准了，选品更专业了，价格更透明。这些网点要实时更新经销商系统，才能确保网点时刻保持高活跃度，以应对市场不断的变化，客流到哪里，我们的货要在哪里可见，网点迭代是关键。

（2）第二方面：提前布局增量，为明年

渠道加固：推动厂家每年持续增长是经销商任务之一，而经销商面对增长主要的抓手在本地渠道建设。在市场和价格不断波动的当下，经销商不仅要稳住核心渠道，更要做好多渠道拓展，为开门红做增量预备。有人说，核心渠道竞争激烈，人流下滑怎么破？小编认为，回归门店运营本质很重要，

从分销、陈列、价格、促销、助销等方面把传统渠道理一理，每家老店都值得重新做一遍！这需要跟业务团队建立高标准，并一层一层执行下去！而新渠道的开拓，则需要经销商老板亲自上场，参与分销、定价、谈判等。新渠道开拓能力会成为未来厂家选择经销商的重要参考维度之一，广大老板们也要打破重建，武装自己。

品类增长：生意增长的突破口在哪里，我们不仅要想好，更要提前布局。每年年底几个月是关键：核心品类如何实现更多爆品打造，更强卖力和更高回转。新品类的突破更是新的蓝海，难度更大，但收益也高。对于本地经销商，无论是老品类打造新爆品，还是新品类拓展趋势品，都相当于做新品，做新品就要有耐心，不能一点挫折就掉头，坚持分销和动销两边关注，及时调整价格和陈列策略，帮助新品尽快度过孵化期，才能在开年起量。

（3）第三方面：营造健康环境，抗风险

坏货管理：虽然厂家提供了退货点数，但大部分经销商坏货管理能力参差不齐，如果算算细账，你会发现，这一年的坏货处理费用可能是今年投资回报率下降的最大"杀手"。经销商管理坏货的能力，是跟着货流从下单那一刻就开始的：订单的准确性、分销的精准性、门店执行落地、仓库和门店库存效期管理，以及临期货的及时处理，都能大大降低坏货管理的难度。

经销商也可以设置临期货处理责任制和预警方案，给一线业务一些权力，同时提出要求，尽量在终端把临期货处理掉，避免再回仓库浪费资源。

投资有效性：以往经销商评价优秀的城市经理有一项重要标准是会不会申请资源，而未来随着管理细化，经销商老板不仅要能申请资源，更要学会分析投资的有效性。我们是最接近一线市场的团队，投资在哪里更有效，要反向来管理厂家销售团队。这就要经销商一方面要深度参与生意管理和门店管理；另一方面，建立渠道和品类的投资分析，通过数据指导投资，试着把每一分钱花得更有价值！

数据建设：前文我们不断提到数据有效性是未来经销商核心竞争力之一，半年过去，我们进销存系统是否准确及时归真，我们的门店销售数据库是否已经建立，我们的销售团队管理系统和门店管理系统是否有效匹配。业务员的文本作业减轻了吗？晨会效率提高了吗？我们的仓库管理更高效了吗？经销商可以就以上问题做个内部回访和问题梳理，再做进一步优化升级。

综上所述，新一年的竞争战况无疑将更加激烈，但是，"风浪越大鱼越贵"，经销商要二次下海，重做市场，才能立于潮头，稳步向前！

4　不要错把IT信息化当成渠道数字化

数字化的本质是什么？本质还是工具？销售的本质又是什么？本质还是生意？

生意需要的是好的选品（Product）、好的定价（Pricing）、好的分销（Place）和动销（Promotion），数字化并不是必需的。眼下数字化话题有点过热了，只要没有数字化就好像什么都不对，其实不然，**数字化本质上不是生意的核心，而是做生意的工具！**

在你的生意中，如果主推产品的选品就不对，不会因为数字化的加入，这个产品就能突然卖火。**数字化转型也好，渠道数字化也罢，数字化解决的更多是管理问题！**

而销售增长的底层逻辑难道是管理吗？不是！不管厂家、经销商还是零售商，归根到底要做好的核心工作无非是4P——选品（Product）、定价（Pricing）、分销（Place）、促销动销（Promotion）。

生意的底层逻辑还是4P，你的核心业务还是做生意本身，通过4P的高效率运营实现业绩最大化，而数字化是在你核心业务做好的基础上给你一个加成。这个加成可能让你的日常管理难度降低一些，沟通成本降低一些，但是如果你的产品质量不好、消费体验不好，即使上了系统，产品体验依然不会好。

数字化的好处是能够帮助已经做得好的人和团队用更高的效率把这盘生意做好，比如1000家门店的分销通过系统管理更加高效，但是如果这1000家门店本来分销就很差，即使上系统也解决不了，因为系统解决不了分销差

的本质问题！

通过切实感受，我们行业目前所讲的数字化其实主要都停留在解决管理问题的层面上。就是对1000家门店而言，上了数字化的管理系统会推动管理效率提升，但是真正推动你生意4P的核心动作并没有本质的改变，数字化只是这些核心动作的加成而已，只是管理的工具而已。以前通过Office软件报表管理的动作变成了移动端的数字化管理，对此，我们不能神话和迷信，而是要客观和真实地探究和思辨。

今天快消品行业到处都在讲数字化，都认为自己在做数字化。但是，我们发现很多公司很多地方其实不是真正的数字化，而是IT和信息化。当然，IT和信息化固然重要，但是只是让数字化成为我们沟通和交流的工具，就违背了数字化转型的初衷。

现在一直在谈数字化转型的很多专家，要么是卖系统的，要么是做咨询的，他们并没怎么做过销售业务工作，或者是离开一线销售工作很久了，他们体会不到基层销售员工被"伪数字化"折腾得身心俱疲，他们也感受不到前沿实操团队为了交数字化作业所付出的重复劳动和多余动作。

如果终端销售代表为了数字化转型，花费了更多的时间、精力在移动端系统录入订单；如果经销商综合业务为了数字化转型，在同一个终端用多个厂家系统来打卡报单；如果品牌商一线团队为了数字化转型，以前几张报表解决动作非要再过一遍系统；如果厂家总部和中台为了数字化转型，要通过新的信息系统去跑数来做数据分析……这样的"数字化转型"真的是我们需要的吗？

这么多年来，一代又一代的优秀营销人在大数据的时代里做出来的数据分析其实一点都不差，很多信息和分析不是系统工具的问题，是人的主动和能力的问题。难道数字化转型一出现，经销商和零售商就会把所有的数据和盘托出，配合厂家上系统可视化？以往没有解决的问题，未来也不会快速解决，数字化工具归根到底还是个工具！新的工具和旧的工具在不同的手艺人手上，哪个更好使、哪个更高效还真不能确定。

以前看一个销售组织是否具备数据能力，主要看Excel的使用量、普及度和熟练度，现在呢？依然要看数据使用量，只是这些数据在手机移动终端，本质上没有太多区别。即使做一个Dashboard全时电子看板，依然需要人去解读、分析和使用。

数字化转型升级不应该是自上而下的"长官"项目，而是自下而上以日常运营动作作为基础的效率提升体系，不要错把IT信息化当成渠道数字化！

作为一个从业20多年的快消老兵，笔者认为当下数字化系统工具对于渠道的进化和推动是切实的。

疫情之前，我们日常覆盖的街边夫妻店有能力在线上运营的不到20%。而疫情之后，很多线下的小店通过对接美团、饿了么、京东到家等O2O平台开通了外卖业务，就是数字化的一种实际表现方式，以往做小店的业务人员不仅要做好线下的铺货，还要做好到家平台的云分销和动销管理。能够让线下广大的夫妻店的小老板们有能力在线上做买卖，实际上是让数以百万计的小店主、小商贩们触及了数字化的生产力，他们开始利用更加先进的互联网技术改造了自己的传统买卖模式。

快消品数字化真正对线下传统零售业加速了变革和升级！这次疫情把很多原来的应急技术变成了日常技术，以往外卖对于小店店主而言是偶尔为之的计划外订单，而现在是日常生意的"主力压舱石"订单。

在当下的快消品行业里，其实没有真正的传统渠道，只是原有的主流渠道正在用最先进、最有效的互联网工具在升级自己的生意和改造自己的生意，利用好数字技术提升自身的运营，推动传统渠道的进步和发展。

数字化是趋势，是必经之路，我们首先解决哪些数字化转型动作是最迫切、最高效的。

实在地讲，如果销售组织（包含厂家基层销售组织和经销商）要做数字化转型，先做好以下三件事情：

一是"业务流程在线化";

二是"进销存在线化";

三是"数据分析在线化"。

"业务流程在线化"先解决经销商和厂家的销售业代从早上开完晨会出门到晚上回公司交单的整个过程和流程在线,这件事情在行业里也推动了很多年,这件事情都解决不了就不要鼓吹数字化转型了。

"进销存在线化"!你没有听错,这么基础的基础建设不应该是每个经销商很早就普及和实现了吗?现实并不是这样,很多经销商现在为止都没有做好库存管理的"先进先出"……

"数据分析在线化"不是把更多的数据分析搬上云端,而是通过厂商、经销商和终端的"三端"数据打通的基础上提炼最重要、最核心的数据。比如,最简单的经销商二级出货和下游终端社会销售数据的匹配,这类简单的基础数据看上去平淡无奇,却对生意分析最有用、最高效。

不要自己骗自己搞什么"数字化转型"的大工程,先实现以上三个"在线化",就能解决很多现实生意的运作问题。

大项目很多只解决小问题,小项目往往解决大问题。

5　资本推动下零食连锁疯狂开店，经销商如何合作？

以2023年为例，细看中秋国庆双节前大半年的经销商渠道生意，从未如此震荡！发展了十几年的大卖场，中小超在消费者越来越细分的需求中，开始转型。一些渠道被分解，一些渠道从萌芽到快速突破，仅用了几个月。其中，零食渠道在资本助推下异军突起，半年间席卷全国，头部平台门店总量突破万家，势如破竹，让许多传统零售商坐立不安，经销商该如何合作？我们来详细展开。

首先要消除恐慌，积极应对。这半年来零食赛道基本布局已经形成，大势不可逆，一味抱怨无法解决问题，一直守着传统渠道做生意只会越来越被动。转变思想，积极寻找机会才有可能顺势突破。

眼下零食渠道的热度仍在持续发酵，全国布局的扩张版图下，消费习惯被逐步培养起来，除了下半年炒得火热的头部三强，中小零食店也悄无声息地开在了各小区门口，和水果店、生鲜店一起，将消费者拦在了家门口，合力分割传统大卖场流量。经销商要深入小区门口，把能做的零食网点都做了。从现阶段零食渠道布局来看，大致有三类：

头部全国连锁：随着第三代店加速圈地扩张，零食很忙（零食连锁超市）向南发展，万辰集团向北延伸，赵一鸣各地竞争。同时，地方性连锁也不断扩张版图，将门店开到了县城各主街区。这些大平台需要经销商有充足的资金链和强大的物流系统，尽管毛利相对较低，但胜在需求量大、流转快、坏货少，运作效率自然高。

地方连锁：除了全国平台，各地方零食连锁也如雨后春笋般成长起来。它们大多以省内拓展为主，经销商准入门槛相对较低，但价格仍是主要合作障碍。这些平台能快速帮助经销商实现生意增长和效率提升，但也应注意账款风险，逐步提升分销和份额。

零食散店：目前，许多中小超开始转型做零食店，也有一部分团长开始转做小区实体店，这样的背景下，零食散店开起来了。相对于传统小店，他们在休闲零食板块更具竞争优势，丰富的选品，更严格的品控，更舒服的购物环境等。对于经销商，单店谈判送货结算虽然更辛苦，但风险也低，是很多小经销商面对传统渠道人流下降做网点更新的优质选择。

了解了零食渠道分类，我们要谈谈具体怎么做？

放下渠道偏见后，我们还需要放下身段，低姿态入局！

不可否认，目前几个头部平台小品牌挤着上门，大品牌也都采得到，加上条码数有限，采购从厂家拿货的同时，也从未停止从批发市场采价。经销商谈判仍处于弱势地位，不可能像传统渠道一样，加价十几个点买入。要适应渠道趋势，前期通过核心爆品切入，这些品都是价格竞争洼地，很可能低毛利甚至负毛利进入，通过一段时间稳定生意后，可以考虑补分销一些价格不敏感品和新品，逐步优化分销结构，再优化毛利空间。从目前的情况来看，零食渠道走得深、价格好，人流能保障，消费者尝新的机会也不少。通过卖新品，一方面引导采购和渠道消费者；另一方面有更好的毛利空间，可谓一举两得。

在产品端除了尝试新品分销加强，还可以适当尝试礼包礼盒来降低价格敏感度。随着国庆来临，礼盒礼包的需求量在零售终端占比逐步提升，零食赛道也希望通过礼盒来提升节庆客单。经销商可以选厂家已有的礼盒包装，也可以结合渠道做二次包装定制，这要依据厂家实操链路做具体探讨，在此不做展开。

在分销推进过程中，一定要确保供货满足率！

这是很多零食平台评价经销商合作效率的关键指标，也是考验经销商资金和运作能力的重要一环！目前，零食加盟模式迅速扩张，全国各地广泛设仓，就是为了内部订单及时性，加上几个平台零食加盟商订单体系相对完善，内部物流效率很高，一旦经销商在供货上出现纰漏，很可能导致采购为了门店满足率四处采货，影响稳定合作。经销商要怎么做？建议设立专人专职主动跟订单，目前零食的订单预估相对准确，有些平台可以提前一个月给订单计划，经销商要主动跟采购一起把订单计划做细致了，再回到厂家做生产时间预估，同时匹配响应资金和物流，确保从厂家到经销商到平台链路畅通。随着单仓库订单量变大，可以进一步尝试厂家直发，实现更高效配送。

除此之外，经销商也可以结合传统渠道成熟玩法，多寻求厂家和平台的合作机会。例如，结合O2O的全域场景营销，重要节庆的联合打造，店内生动化陈列共创等。目前，已经看到许多门店开始有O2O合作的案例且效果良好，在不叠加终端特价的基础上，还可以有效规避价格直接影响，如果能通过到家投资置换到门店额外端架资源就更好了。节庆打造不同于传统卖场，零食渠道除了会员日，目前没有太多营销场景。但从上半年来看，六一儿童节、中秋档，各零食都在突破单日订单量新高，这些档期如果能结合厂家资源争取更多曝光，品牌渗透会更快。店内生动化陈列共创难度更大，如果能有一两个陈列工具卖入，一定有立竿见影的效果。

另外，深度合作下我们不得不提到规格差异化，零食因为价格敏感对传统渠道的冲击每天都在发生，一方面，我们不回避合作；另一方面，也要主动平衡对传统渠道的影响。规格差异化成为许多厂家的选择之一，大部分平台也能接受。经销商要结合厂家政策，主动参与共创，这对零食未来良性发展有重要意义。

对于零食散店，目前店主的要求还没有太多，主要诉求点在价格，经销商在做价格的基础上，可以加大对陈列的要求，相对于平台型客户更容易卖进，合作也稳定，但需要通过合作店量的积累，实现生意质的提升。

零食渠道大势已在，作为经销商伙伴，渠道是赖以生存的基础，线下生意不断迭代只是开始，未来的竞争只会更激烈。经销商要与厂家紧密绑定，用更精细化的运营守住核心生意，同时在零食渠道等新兴生意上抢占先机，才能守住优势，做稳生意盘，越活越稳！

同时附上"八大避坑指南"，如图1所示。

图1　"八大避坑指南"

第一条：供价有底线。

虽然零食渠道逐步专业化、规模化运作，但价格仍是采购目前最核心的考量要素，没有之一。大多数一线厂家渠道透明，货源丰富。零食作为热门渠道，主动报价源自然也多，压价成了常规操作。经销商切不可为了短期客情而超低价竞争。在目前还没有稳定价值链体系的零食渠道，很可能被越压越低，最终合作中断，竹篮打水一场空！经销商可以将该渠道作为转化批发生意的一种新零售模式，这么看，投资多点无妨，但底线是不能破价，否则生意难以长久，厂家也很难稳定输出。

第二条：售价守红线。

在零售越来越透明的今天，零食渠道低价入市，一方面，赢得了相较于周边更优的客流；另一方面，也直接影响了经销商传统渠道的稳定多年的供价体系。规模带来的竞价优势直接转化为价格让利，许多大平台零食对本地价格造成直接冲击，导致本地零售被迫跟价，最终转化为经销商全面让价。这不是危言耸听，大环境不好的情况下，经销商一旦深陷泥潭很难自救。因此，零食渠道合作中，一定要定期管理门店售价，这虽然难，但不能不做。笔者认为，高于经销商其他渠道供价是零食售价的绝对红线，千万不可低、不可碰。

第三条：备货不冒进。

许多零食经销商做了几个月，积累了一些经验，也尝到了甜头，为了加速供货效率，开始为零食主动备货。方向没问题，但一定不能冒进。一是目前主要零食平台仍在扩张，订单规模并不好预估，采货源也相对不稳定，很难精准备货；二是随着门店布局外延，地域差异化凸显，消费习惯差异对分销有直接影响。成熟区域的零食订单也不可做参考，容易备偏，而零食对效期和批次的要求比较高。经销商切忌在备货上加大运作风险，可适当求助厂家开通绿色送货通道，加速中间流程，达到轻资产、低风险运作的良性循环。

第四条：资金盘明白。

做零食渠道经销商，特别是覆盖大平台，需要有强大的资金后盾。订单量陡增，账期开始出现，厂家代垫资金增多，相对较低的渠道毛利，都会转化为经销商的资金压力。经销商老板要盘好钱、盘活钱，否则这盘生意很难随着平台的扩张持续做大。从长远来看，渠道价值体系一定会逐步建立起来，经销商在中间的角色更可能成为相对低毛利的托盘商模式，这就决定了该渠道一定是大资金、高效率、低毛利的运作方式，这对传统零食行业经销商10%以上的毛利空间是持续的挑战，经销商老板要有心理预期，更要有充足的资金预留。

第五条：严防批发转。

近期走访零食门店，我们发现部分加盟店开始整箱出售给当地B端小店，尤其是新开店区域，售价价差导致小店争相上门进货，小店采货源清单里又多了一个零食店。一旦下半年平台间资本价格战开打，小店薅羊毛的队伍势必会越来越大。经销商在日常对接中，要多尝试主动参与门店订单管理，严防B端采货，如整箱购限制等，一旦把零食渠道做成批发窗口，这将是不可逆的损失，需要经销商和采购一起维护渠道建设初心，共建健康渠道运转。

第六条：跨区要沟通。

前文提到，目前主要平台开始跨省跨区运作，开店版图由区域拓展至全国，也直接从量和价两方面对当地线下生意产生实质性影响。相信大部分一线厂家已经意识到这中间的利益冲突并开始尝试全盘统筹。与此同时，参与其中的经销商也要协同当地销售做好跨区供货沟通和报备，以免产生不必要的内部运作风险。

第七条：老店多看看。

从目前门店扩张速度和加盟为主的模式看，野蛮生长期的零食渠道终端管理体系并不完善，除了供货物流服务，总部对加盟店长的日常管理很难整齐划一。专业度参差不齐导致各门店陈列差异化凸显。表现为许多一线经销商首批订单喜人，一旦新店变老店，加盟店长对毛利的诉求提升，一线排面占比直线下降，订单锐减。作为经销商老板，要勤走老店，及时补货，及时做店长教育，避免前方新店风风火火铺，后方老店一锤子买卖、不持续的窘境。

第八条：开发中小店。

大零食系统很容易被资本裹挟追求短期效率，而零食渠道需要更加稳健的长期发展策略，积极开发中小连锁和零食散店也是经销商规避风险、抓住渠道风口的好方法。资本可以快速培养消费习惯，这使得除了便利店，SKU更丰富的零食店有了长期经营的可能。我们看到很多大零食系统发源地，并没有因为一家独大而小店难做，反而加速了本地中小零食渠道的快速生长，这些"毛细血管"对经销商的生意稳定非常重要！及时发掘合作，陈列的谈判空间也更大，不失为很多中小经销商入局的最优选择。

6 校园超市渠道如何高效引爆？

回忆一下，在2022年疫情期间，一线销售团队最难实地拜访的终端渠道是哪个？

答案是校园超市渠道！面对当时全国反反复复的疫情，各地高校校园的封闭管控执行得最早、最快，也最彻底。

由于学生无法出校门，从而使得数量庞大的高校在校生群体不得不选择校园超市作为主要甚至唯一的购物渠道。校超渠道的生意自然逆势增长，很多布局较早的厂商和经销商在2023年上半年得到了校超红利，同时我们也发现行业中越来越多的关注和资源开始聚焦这个一直很"低调"的半封闭渠道。其实，就算没有疫情，相对比较闭塞的校园超市渠道一直以来都是"易守难攻"的渠道，如何完成高效卖进、合作和引爆增长的话题一直在探讨中。

毫无疑问，校超渠道在每个城市市场的全渠道组合策略中的重要性越来越高，作为一名基层城市经理，从渠道认知到制订计划到日常执行必须快速掌握，说干就干，马上行动！

（1）渠道认知：为什么校园渠道成为"香饽饽"

不仅是疫情后，其实在疫情前很多快消厂商就已经非常重视校园超市渠道，特别是和大学生日常消费最强相关的食品饮料厂商和客户对于校超渠道的重视和投入由来已久。

本段将从四个方面来阐述为什么校超渠道越来越重要？如图2所示。

		对于品牌厂商	对于经销商	对于一线城市经理
A	**目标人群** 大学生代表着每个目标品类未来消费趋势，追求个性化，乐于接受新事物，消费水平较高	作为最具有潜力的消费群体，每个厂家在品牌建设工作计划中都需要高度重视，对电视剧大学生消费群体播种教育，优秀的品牌都在重仓这个目标群体	对于新品和高端品的需求正在逐年增长，对于经销商而言就意味高毛利和高流转明显更重要，更实在，在目前线下大中型门店波软的情况下更加重要	最直接的获得本地市场的年轻客群，是推动新品和高端品的首选渠道之一
B	**渠道特性** 校超紧邻校园生活区，先天获客优势，稳定且优质的消费客群确保了动销稳定，基本不退货	由于相对封闭和稳定，品牌营销活动的效率化良投入市场营销超市更高	解决了经销商最担心的退货困扰，除了寒假署假性退货，平时稳定的动销能够保证经销商的毛利水平	尽管卖进难但是销量好，动销快，这个渠道一旦建立稳定的供销合作，这个渠道的生意波动性很小，可以通过这个渠道弥补其他要缩渠道的订单损失。一个稳定性强的渠道对完成指标很重要
C	**政策导向** 整体政策正从"红顶生意"关系为主逐步向阳光招标和连锁化运营转变，有利于连锁化运营	对于优质品牌和头部品牌是一个政策利好，越来越多的高校开始引进全国或当地知名连锁品牌进入校园超市的运营，同时杂牌仿牌产品露出显著下降	越来越多的连锁进入给了经销商更多的机会，同时阳光招标给了专业经销公平的竞争机会，对当地经销商是个利好	积极配合当地经销商开拓校园超市，一个一个地去争取和努力，如果已经售卖的门店需要制定计划规范经销商，批发商和包场商的运营专业化
D	**品类匹配** 适合快消品行业的绝大多数品类，且对每个品类的头部品牌更加友好，爆品和新奇特为主	是推新品和推高端品的好渠道。年轻新的大学生不仅拥抱新品和高端品，也喜欢尝试新品和高端品	由于校园超市普遍面积小货架有限，每个品类主要以名品和爆品为主，因此需要经销商扩充代理和增加储备，通过品类供应商的角色实现一站式服务，从而提升升渠道客户的粘性	新品指标越来越高，校超渠道是推新品和推高端品的好渠道。这不仅是卖货的优质渠道，也是推新卖高的战略高地性渠道

图2 校超渠道的重要性

从目标人群分析：年轻有活力的大学生就是消费品的未来！他们非常乐意接受新事物，品牌意识强，消费多元化，同时购买力较高，对于每一个快消品品牌都是兵家必争的目标人群，而距离这个人群最近、最聚集的稳定渠道——校园超市就必须从现在起充分认知并饱和攻击。

从渠道特性分析：相对于社会面的零售超市，校园内的超市紧邻生活区，受到学校的统一管理相对封闭和稳定，特别是疫情期间的全封闭状态使得渠道更加密闭，这样的渠道一旦稳定合作就会实现稳定的分销和动销，这是前线销售团队和经销商最乐意经营的合作状态。

从政策导向分析：以前谈到校超渠道，经销商和销售团队总是面露难色，"水太深"是大家的第一反应和普遍反馈，感觉那是一个不容易进入的生意。然而，政策正在良性发展和变化，招标阳光化使得校园超市每个周期的招商更加透明和公平，而越来越多的品牌连锁也在加快校园网点的布局，比如天猫校园、京东等全国品牌正在加快步伐，当地的头部连锁也已经进入或正在全面渗透中。

从品类匹配分析：针对在校大学生的需求，校园超市可以匹配快消品厂商的绝大多数品类，更重要的是这个校超渠道是推新品、推高端品、推小众品的"试验田"和"桥头堡"，各个品类的品牌商都应该重视对这个渠道的投资和推动。对于本地销售团队而言，开拓并提升这个渠道是当下必须要做的！

（2）自身认知：目前运营校园超市普遍存在的问题

对校超渠道有了应有的正确认知只是第一步，相应的自身认知也很重要，不仅仅是我们销售团队的思考，经销商的运营理念和能力匹配度同样重要。

目前运营校超渠道大致的几个痛点和瓶颈：

拷贝老法，水土不服。很多销售团队刚开始做这个渠道会直接套用社会超市的战术打法，然而效果往往达不到预期。原因是校超的消费客群和门店特性与社会面超市有所不同，更快的周转率需要更高效的配送，更喜欢新奇特的年轻消费者需要更精准的选品，更小更密的货架和空间需要更高的产品动销坪效。

只重"爆破"，忽视日销。众所周知，每年两个开学季是两个爆点销售时间段，其中秋季开学季比春季重要。然而，很多厂家和经销商只是注重两个开学档，忽视了日销的生意机会，校园超市的日销也值得投资和重视。

依赖老品，价格混乱。由于租约房租等成本的逐年攀升，校园超市的毛利要求比校外社会面超市高，使得超市老板对于采购价格更加敏感。以往很多校园超市做不进去，主要卡点就是价格对不上，销售员也很容易放弃，毕竟这个理由最好过关。

对接不畅，服务不足。校园超市由于封闭，特别是近三年来疫情反复使得这个封闭级别提高，使得日常沟通、物流响应和运营对接都会受到影响。如果经销商和销售团队细致度和责任心不够，很容易被竞品和其他经销商取代和影响，提升服务水平需要响应体系的全面升级。

（3）制订计划：搭建校超渠道的"人、货、场"

结合前文渠道认知和自身剖析，本段将重点梳理校园超市渠道的"人、货、场"，目的是帮助一线城市经理真正落地实操。如表1所示。

表1 梳理校园超市渠道的"人、货、场"

实操方向	实操策略	关键动作
人	理解大学生的购物习惯	A.平日人流潮汐：校园超市的客流潮汐和社会面超市完全不同，中午午饭后、下午下课后、晚饭后和晚自习后都是几个购物时段，特别是下午4点到8点是相对高峰时段
		B.周末不是关键：相对于平日的潮汐，周末和平日的销量关系和社会面超市更不一样！因为周末没有课，很多大学生相对比较宅，就导致他们在周末不愿意出寝室，所以周末在正常情况下不是销售高峰日

实操方向	实操策略	关键动作
货	推新卖高推网红 动销为王提毛利	A.品牌认知度高：名品爆品要在保证门店基本毛利的基础上推动价格落地，毕竟爆品的价格更加透明
		B.新品和小众网红品接受度更高：作为互联网的"原住民"和Z世代的新新人，大学生对于网红产品的尝试度和认可度更高
		C.产品组合以毛利提升为主旨：为门店带来更多的毛利是增加客情提升黏性的不二法门，如何持续提升产品组合带来的毛利需要销售团队和经销商算好账
场	理解老板需求提升客情黏性，做好服务响应让动销更快	A.鼓励经销商全品类甚至多品类供货，从而提升门店老板对于我们的依赖度和黏度
		B.物流配送要以门店的需求为准，提升响应速度和配送服务体验
		C.在关键开学档要提前卖进促销方案，比如促销员的提前卖进
		D.逐步加大对于门店品牌宣传的投入，对于主货架和二级地堆以及店头灯箱都需要主动出击和争取
		E.加大数字化促销机制，提升二级售出的效率，大学生客群对于数字化营销的接受度非常高

"人"——理解大学生的购物习惯。

A.客流潮汐：大学生的学习生活作息和社会面的社区人群不太一样，所以，校园超市的人流潮汐也不一样，饭点之后、下课之后和晚自习等时段是购物时点，特别是上课日的下午4点到晚上8点都是相对高峰的购物时间段。

B.平日和周末：在常规的超市渠道管理中，我们一直信奉周末销量就是平日的2~3倍，有些品类甚至更高。但是，在大学校园的周末反而是淡日。周末是大学生出去逛街、回家探亲和出去游玩的日子，这时候的校园往往是空荡荡的。周末由于没有课，很多同学是不愿意跑到距离宿舍"遥远"的超市的，有的学校的宿舍床头有了二维码，扫码下单可以让食堂送餐到宿舍……

"货"——推新卖高推网红，动销为王提毛利。

A.精选名品爆品：大学生是接受信息最快、最广、最多的群体，他们对于快消品品牌认知已经十分成熟，城市经理需要在产品清单中精选爆品，提升动销速度和效率。由于爆品价格相对透明，需要注意毛利空间设定，避免产生过高溢价。

B.推新卖高追网红：作为推广"新、奇、特"产品的窗口渠道，校园超市很适合推广新品，特别要重视网红品的组合配置，天猫和京东等电商平台已经孵化成功的网红产品可以更多地尝试列进。

C.产品组合策略：要从算账的角度来分析拆解每家门店的毛利，每个SKU的正常零售价和促销价要逐个核查，确保每个SKU都要贡献合理的毛利，这样的产品组合才会可持续，让门店老板有利可图，有了可盈利的产品组合为基础，后续的工作才能越做越顺，生意才会越做越大。建议经销商老板要充分参与产品组合制定的细节工作中，做校园渠道必须要有老板心态，打工心态很难真正实现渠道突破。

"场"——理解老板需求提升客情黏性，做好服务响应让动销更快。

A.做值得信赖的全品类供应商：校园渠道很多都是单店个体经营，很多和供应商的对接都是老板亲力亲为，他们希望对接的经销商越精越少越好，如果只是供应单一或少数品牌的经销商，一般很难和批发商或者包场商竞争，因此，统采统配可以帮助店主节省时间提高效率。

B.一切以门店需求为中心搭建物流：除了少数核心城市的大型综合高校里有大型校内超市外，校园门店一般面积都比较小，没有库房去置放安全库存，这就要求供应商高频少量地送货履约，特别是开学档的那几天更是分秒必争的送货争夺战。因此，经销商必须以门店实际仓储条件为准，制定以店为单位的配送动作标准，确保物流配送满意度。

C.开学档就是遭遇战：提前计划和周密准备是做好开学档的前提，落实每一家校园超市的促销计划是关键。例如，每个供应商被分配的促销员数量有限，这就需要提前培训卖进和上岗，否则就会浪费宝贵的卖货旺机。

D.数字营销和促销赋能校园门店：校园门店面对的大学生生来就是互联网"原住民"，对于数字化促销和品牌线上营销活动都非常熟悉和欢迎，以往厂家对这个渠道的数字化投入不够，需要针对这个特定客群制订个性促销计划和营销方案，通过数字化赋能帮助门店提升促销效率和动销速度。

加油吧！一线城市经理们！如果你现在都没有开始做这个渠道，那就赶紧行动吧！

要知道，开拓一个渠道从0到1的冷启动是需要勇气和坚持的，希望这篇文章能够带给你勇气！

7 硬道理是求发展，最重要的是上台阶！

段永平在雪球上曾更新了一段话："**越迷茫的时候越要往远处看，习惯往远处看就会相对容易做出正确的决定。长期而言，这样做大概率结果会比短视的人好得多。**"

很多基层区域经理和城市主管总是习惯地一起和经销商、批发商向上宣泄负面情绪，不断把业务执行不好做、下游零售商不进货、各级经销商不赚钱都归因于价格乱和窜货乱，这是典型的弱者思维和从众思维。

作为一个基层销售组织的经理或主管，当下最关键的能力是客观的个体思考能力，这个能力和你做了多少年销售工作无关，和你高质量深度思考了多少频次有关。

一个经销商生意完不成，于是向厂家诉苦降指标，一旦成功就会上瘾，不断反复养成坏习惯；

一旦市场出现低价货，就开始投诉和抱怨价格，事实上这些和终端生意其实并不冲突；

一发现市场出现新渠道，要么乱尝试，要么不敢动，要么错过骂渠道，要么仓促撤退怨厂家。

越是最艰难，越是最迷茫的时候，越是要客观分析什么是你这盘经销生意最关键的部分，反思一下你日常是否将绝大多数的精力和资源堆在这部分事务上？

真正客观的个体思考力可以帮你厘清和识别什么事情是真正正确和重要

的，而非正确地做事情。当你把原本不那么重要的事情当作重点或者自然而然地重复去做，那么，无论你如何努力去做都是错的，至少是低效率的。你连给"正确的要事"定义的能力都没有，你还做什么业务？

事实上，不仅是厂家业务不怎么努力了，经销商自身也不够努力，下午就去喝茶打牌了、事情都摞给名不副实的"职业经理人"了、库房里的小舅子帮你省去了很多仓拣配的脏活累活……

待在自己的生意舒适区里面好舒服啊，每年就挣这些钱，和厂商哭哭穷、叫叫苦、斗斗智，一年又一年。其实这个舒适区就是业务团队和经销商的牢笼，不仅逐步侵蚀了自己，还连累了公司和厂家。长此以往，生意不会继续做大，就是这个状态的结果和未来，而持续不增长的生意就是倒退，倒退的趋势一旦打开，你和你的公司就会一直走下坡路，你愿意吗？

硬道理是求发展，最重要是上台阶！体量上台阶才是当地销售团队要带引领经销商真正要做的事。

经销商要让生意上台阶，当地销售团队要引导和推动他们实现"两个升级"。一是老板的认知体系升级；二是公司的运营体系升级。

认知对于经销商老板而言真的很重要，认知体系需要迭代，认知无价但无知有代价，旧地图找不到新世界，老思维一定埋葬新机会。

经销商认知体系的核心是针对最重要的事情建立"Know-How"体系！Know-How是什么？多指从事某种工作所选用的技术诀窍和专业知识。如果你剥离主观感性和自身习惯去思考，得出"通过解决仓库先进先出的问题就能节省很多不必要的成本"，要做成这个动作就需要对仓库管理有很深入的探究和学习，通过自己和团队的努力将这件事情的"Know-How"从以往的30分逐步做到60分、75分、80分直到90分以上，不做完这件事就不要做下一件事情。

看上去先进先出是一个非常小的事情，这难道不是经销商的标配动作吗？然而这件事的"Know-How"一点都不简单，一个小细节告诉我们——不管采取何种仓储方式，一件放错了位置的货品就相当于丢失了，在仓库中寻找一件丢失的货品所花费的时间远比一开始就把它放在正确位置所花费的时间多……

如果你认为这件事情是非做不可的基础动作，也认知到提升这个动作的效率会对整个仓储管理有质的飞跃，那么，你就在一段时间内学习最专业、最高效、最直接的技术动作，这就是"先进先出"的"Know-How"，不要小看这些不起眼的细节，比你向厂家吐槽价格混乱有意义多了。

可能大家读到这里失望了，你说的认知体系就是这么微小的事情吗？

是的！最高效的认知体系能够帮助经销商老板化繁就简，**永远在醒着的时候干最重要的事情，每天干，每周干，每月干，困了就睡，醒了就干！直到获得解决一个重要问题的"Know-How"为止！**不要过度思考和过多计划，干好一件事情、解决一个问题之后才看下一个，做好当下的那个就好！

再谈到运营体系升级，其实就是前者升级后的自然发生，因为完善并且高效的运营体系是由每一个关键执行节点组成的。如果能够打磨好每一个关键执行节点的"Know-How"，整体运营体系的效率和水平都会日益精进，一年下来就会有肉眼可见的提升。

当你具备了个人认知体系和公司运营体系的双重升级，你的生意一定会稳步上台阶，利润也会稳步提升，整个人的精气神，整个公司的精气神都会被带动提升，生意上了台阶之后，你会发现更多的机会。

发展是硬道理，谨记这句话，真正上台阶！一年做不到，就两年做到，实在不行就三年，没有关系，不要纠结，一切微小的增长和攀升都远远强过于原地踏步！

8 最好的渠道策略靠近算法远离人

2022年10月底的一天，国内著名商业咨询顾问刘润在他的年度演讲中说了一句话："**十年后的今天，人们突然发现，你再也分不清楚什么叫线上什么叫线下了。**"

随着疫情的远去，已经被压抑了很久的平台和厂商都需要重新建立信心。

线上需要信心，线下更需要！线上线下要恢复对生意的信心，归根到底还是要回归渠道。**虽然线上线下的区分已经非常模糊，然而线上和线下不断新生、繁衍和迭代的大大小小的一众渠道却是真实存在的，每一个新、旧、线上、线下渠道都在影响着每个营销组织的生存和发展。不管你是一个五百强品牌商还是一个进取中的本土新锐公司，不管你是一个经营多年的分销商还是一个刚刚起步的网格化批发商，在当下的时间节点和营销环境下都必须认认真真、扎扎实实地认识渠道、厘清渠道、设计渠道、运营渠道，直到最终掌控渠道。**

相比产品（Product）、价格（Price）和促销（Promotion）这三个P，在营销4P中唯一无法真正掌控的就是渠道（Place），如何在这个充分竞争的战场上赢才是生意的根本。

那么问题来了！什么是最好的渠道策略？

没有最好，只有最有效率的渠道策略。

什么又是最有效率的渠道策略呢？

笔者认为的答案是：**当下的渠道组合策略要尽可能靠近算法，尽可能远**

离人!

线上线下全域全渠道包含的渠道有几百个，真正核心的也就十几个、几十个，你要做的是优先选择而非逐个填充，不要被现有的渠道分布绑架了你的策略思考，而是要从效率的角度审视和衡量每一个渠道的价值和效率。

这些年伴随着数字化工具的普及和应用，很多渠道的传统打法已经被数字化，而数字化的好处一是可追踪，二是可提效。因此，基于算法的电商平台在过去十年蚕食了非常多线下零售商的用户和份额。

而新零售渠道之所以被广泛重视，另一个重要抓手就是高人效!

以往通过人海战术规划拜访才能实现的覆盖工作，现在通过B2B平台电商就能高效完成;

以往需要促销员下班送货才能实现的送货上门，如今通过O2O到家就能轻松快捷实现;

以往很多团购劳保的开拓和分发，现在用线上福利私域平台就能透明化运作和履约……

在国内销售行业，最难的事情其实就是人的事情，一旦用的人多了，管理难度就会几何级增加，而管理是最玄乎的事情，因为管的人也是不确定的变量。

比如，一直被大家诟病的批发渠道，为何这么多年被诅咒却依然活着，而且越活越自在，因为批发渠道低频大单，涉及的人为因素很少，只需要少数人的对接就能实现销量的闭环。为何深度分销始终举步维艰?